1등
기업의 광고
2등
기업의 광고

1등 기업의 광고
2등 기업의 광고

초판 1쇄 발행 2014년 10월 29일
초판 2쇄 발행 2014년 11월 7일

지은이 이수원

펴낸이 김찬희
펴낸곳 끌리는책

출판등록 신고번호 제25100-2011-000073호
주소 서울시 구로구 경인로 55 206호
전화 영업부 (02)335-6936 편집부 (02)2060-5821
팩스 (02)335-0550
이메일 happybookpub@gmail.com

ISBN 978-89-90856-68-5 13320
값 15,000원

* 잘못된 책은 구입하신 서점에서 교환해드립니다.
* 이 책 내용의 일부 또는 전부를 재사용하려면 반드시 사전에 저작권자와 출판권자의 동의를 얻어야 합니다.

1등 기업의 광고
2등 기업의 광고

이수원 지음

프롤로그

광고에 입문한 지 어느새 20년이 훌쩍 넘었습니다. 〈개그콘서트〉에 나오던 달인 김병만 선생은 16년 만에 달인이 되었다는데, 전 아직 달인 근처에도 못 갔으니 민망한 일입니다. 그래도 운이 좋아서 10년 전부터 광고 관련 강의를 하게 되었습니다. KOBACO(한국방송광고진흥공사)에서 운영하는 광고교육원에서 강의 기회를 얻은 것이지요. 이곳은 공기업이라 아주 저렴한 수강료만 받고 공익 차원에서 운영하고 있습니다. 따라서 광고인이 되기를 희망하는 대학생들과 광고계에 갓 입문한 젊은 광고인, 그리고 광고주에서 광고 업무를 담당하는 젊은 직원들에게 인기가 높습니다.

　이곳에서 강의를 하면서 안타깝게 느낀 점이 있습니다. 광고 지망 대학생과 젊은 광고인, 광고주 직원 중에는 광고홍보학과나 신문방송학과, 심리학과, 마케팅 관련 학과 등을 전공하지 않은 사람이 꽤 많습니다. 저 또한 행정학과를 나와서 광고 초년생 시절 고생을 많이 했기에 가능한 한 비전공자에게 초점을 맞춰서 강의하려고 노력했습니다. 그래서 찾은 방법이 실제 광고 사례를 가지고 설명하는 것이었습니다. 아무래도 이론적인 내용만으로 접근하는 것보다는 훨씬 이해하

1등 기업의 광고
2등 기업의 광고

기 쉬운 방법이라 생각했고, 수강생들도 제가 의도했던 반응을 보였습니다. 특히 1등 기업과 2등 기업 각각의 입장에서 벌이는 치열한 경쟁에 관심을 많이 보였습니다. 아마도 인식 구도가 선명하기 때문에 이해가 더 잘되었기 때문이겠지요. 아무튼 실전 교재라 할 수 있는 광고를 통해 브랜딩과 마케팅에 대해 설명하는 것이 수강생들에게는 좀 더 쉽게 받아들일 수 있는 방법인 것 같습니다.

10년의 시간이 흐르다 보니 어느덧 그 내용이 제법 쌓였습니다. 강의 종료 후 가진 술자리에서 수강생 몇 명이 책을 써보는 게 어떠냐고 얘기했지만 그때마다 손사래를 쳤습니다. 강의 내용을 글로 옮기는 것도 쉽지 않을뿐더러, 무엇보다 내가 책을 쓸 자격이 있나라는 생각에 주저했습니다. 하지만 생각을 바꿨습니다. 자격은 독자가 판단하는 것이지, 제가 스스로 판단하겠다는 생각 자체가 건방진 게 아닌가 싶었습니다. 그리고 지금 이 시간에도 광고인의 꿈을 키우거나 광고계에 입문해서 희망과 불안이 교차하는 젊은이들에게 단 1퍼센트라도 도움이 된다면 의미 있는 일이라는 생각에 용기를 냈습니다.

그래서 이 책은 그 젊은이들에게 지면을 통해 강의를 한다는 느낌으로 썼습니다. 강의 내용 전체를 옮기지는 못했지만, 핵심 내용은 많이 담으려고 노력했습니다. 강의실에서 강의를 듣는 마음으로 편안하게 읽어보시면 좋을 것입니다.

한 가지 당부할 것이 있습니다. 저는 강의를 시작할 때마다 수강생들에게 이야기합니다. 일방적으로 지식을 전달하는 강의가 아니라 여러분과 생각을 나누는 강의를 하고 싶다고. 그러니까 책을 읽는 독자들은 저의 이야기를 무조건 수용하지는 마시기 바랍니다. 여러분이 생각해보고 납득이 되면 수용하고, 더 훌륭한 사례가 있는지 찾아보시면 좋을 것입니다. 납득하기 어려우면 자료를 더 찾아보거나 아니면 여러분만의 관점을 새롭게 정립해보시기 바랍니다. 이게 제가 생각하는 진짜 공부입니다.

  광고인으로 살아오는 동안 늘 지향점이 되어주신 강철중 선배님에게 감사드립니다.
  그리고 오랜 시간, 인생의 동반자로 고생을 마다않고 늘 응원해준 아내와 어느덧 성인이 되어 아빠에게 미래의 희망을 주는 아들에게 고맙다고 말하고 싶습니다. 지금도 하늘에서 막내아들과 막내사위를 걱정하고 계실, 돌아가신 부모님과 장인장모님께도 머리 숙여 인사드립니다.

2014년 가을
이수원

차례

프롤로그 — 4

1장
1등 기업의 광고
2등 기업의 광고

1등 기업의 길	— 13
브랜드 선호도와 친밀감	— 17
5할의 승리	— 21
소실대탐	— 25
인식의 싸움터	— 29
당연히	— 35
진실은 늘 현상 저 너머에 있다	— 39
경쟁사라는 이름의 축복	— 42
거인의 어깨 짚기	— 45
브랜드 네임의 힘	— 48
브랜드의 격을 올리다	— 54
광고는 용기다	— 60
펩시콜라와 코카콜라가 싸우는 법	— 64
그래서 전략이 필요하다	— 67
집중의 힘	— 72

사이다가 콜라를 만났을 때 — 77
판단의 기준 — 81
광고 속 숨은 1인치, 브랜드 전략 — 84
일관성의 법칙 — 89

2장
소비자의 니즈를 리드하는 광고

소비자의 니즈를 리드하라 — 99
트렌드 변화에 민감하게 반응하라 — 104
광고는 결국 문제 해결이다 — 107
광고와 마케팅은 심리 싸움이다 — 114
당신께 오마주합니다 — 118
할리데이비슨이 살아난 이유 — 122
단어의 주인 되기 — 125
남의 떡이 커 보인다 — 129
문제의 본질 — 132
소비자 조사의 맹점 — 135
균형이론 — 139

3장
광고는 '다름'이다

도대체 광고란 무엇인가	147
콘텐츠인가, 광고인가	150
Manifesto	153
애플식 차별화	158
침소봉대 혹은 견강부회	163
소비자의 눈	168
인지절약의 구두쇠	171
먼저 주장하면 내 것이 된다	174
광고인에게 ROI란?	178
스토리가 많아야 히스토리가 된다	181
필름의 추억	187
광고 모델 사용설명서	190
남양유업이 싸움을 건 까닭은?	195
광고는 투자인가, 비용인가	199

4장
소통과 공감, 그리고 광고

광고, 아는 만큼 보인다	207

광고 속 숨은그림찾기	212
광고는 노래다	217
손실 혐오	223
팩트는 힘이 세다	226
마음에서 우러나온 이야기	231
남자의 물건	234
30억으로 300억 캠페인 만들기	237
바꿀 땐 과감하게, 그 후엔 진득하게	241
TPO와 미떼 이야기	246
기업은행 광고의 성공과 나의 반성	250
신구의 조화	254
스토리텔링과 광고 캠페인	259
광고 매체의 선택과 집중	264
주변과 중심, 따봉과 델몬트	267
난, 한 놈만 팬다	269
당신 곁에는 누가 있습니까	272
후배들에게 1	275
후배들에게 2	280
에필로그 내 마음속의 선생님	282

1장

1등 기업의 광고
2등 기업의 광고

세상 모든 브랜드에는 꼬리표가 붙습니다. 1등 브랜드, 2등 브랜드, 3등 브랜드, 심지어 등외까지. 야박하지만 비정한 세계에서 피할 수 없는 일입니다. 그렇다면 어떻게 해야 할까요. 유명한 역사학자 토인비는 "역사는 도전과 응전의 과정"이라고 말했습니다. 이 통찰은 브랜드 세계에도 똑같이 적용됩니다. 2등, 3등 브랜드는 1등 브랜드에 도전해야 합니다. 단, 무모하게 맹목적으로 도전하는 것이 아니라 뚜렷한 전략을 가지고 도전해야 합니다. 그럼 1등은 어떻게 해야 할까요. 1등은 1등에 맞는 전략을 가지고 때로는 방어하고 때로는 압도해야 합니다. 그래서 브랜드의 역사 또한 도전과 응전의 역사입니다.

여기서는 그런 역사가 담긴 광고 사례를 가지고 이야기해보려고 합니다. 자고로 싸움 구경만큼 재미있는 구경이 없다고 합니다. 그럼 재미있는 구경을 시작해볼까요?

1등 기업의 길

　　　　　　　　　　삼성생명은 영업적인 필요에 의해 현빈을 모델로 기용해 '골든밸런스' 광고 캠페인을 전개하고 있지만, 여기서 주목하는 것은 2011년 캠페인입니다. 삼성생명은 새롭게 광고 캠페인을 시작하면서 파란색 하트에 산뜻한 글씨로 '사람. 사랑'이 적혀 있는 심볼을 선보였습니다. '보험은 사랑입니다'라는 과거의 카피도 다시 등장했습니다. 2010년에 '안녕하세요' 캠페인으로 많은 주목을 받았는데 왜 1년 만에 다시 새로운 캠페인을 선보였는가, 그런데 왜 다시 과거의 카피로 돌아갔는가, 그리고 왜 수영선수 박태환을 모델로 활용했는가를 살펴보겠습니다.

　　삼성생명은 명실상부하게 우리나라 1등 생명보험사입니다. 인지도, 시장점유율 등 모든 면에서 압도적인 1위지요. 그래서 과거에 모든 생명보험사가 약속이나 한 듯 광고를 안 하던 시절이 있었는데, 이유가 어디선가 먼저 광고를 하면 삼성생명이 자극받아 광고를 적극적으로 하게 되면 큰일이기 때문에 그렇다는 우스갯소리가 있었다고 합니다.

그럼 이렇게 확고부동한 1등 기업은 어떻게 광고를 해야 할까요? 제가 광고를 하면서 도움이 된 배움이 많이 있습니다만, 그중 하나를 꼽으라면 'Five Venue'입니다. Five Venue는 기본적으로 브랜드가 처한 위치에 따라 취해야 할 다섯 가지 기본 전략을 정리한 것입니다. 그중 ==명백한 우위에 있는 브랜드가 취할 전략은 세 가지입니다.==

==첫 번째는 현재의 인식 구도를 고착화하는 것입니다. 현재 사람들이 가지고 있는 인식에 대해 의문을 품거나 다시 한 번 생각해보지 않도록 만드는 것이지요. 왜냐하면 지금의 인식 구도가 그대로 유지되면 가장 이익을 보는 곳이 1등 브랜드이기 때문입니다. 한마디로 딴생각이 안 나게 해야 1등이 이깁니다.==

두 번째는 사용층과 사용 기회를 확대하는 것입니다. 시장 전체를 키우면 나에게 돌아올 몫도 커지기 때문에 매출도, 이익도 늘리면서 경쟁사와의 격차도 벌릴 수 있습니다. 과거 이동통신 시장에서 초기에는 비즈니스맨을 주 타깃으로 삼았다가 점차 20대, 10대, 노령층으로 확대한 대표적인 사례입니다. 음성통화와 데이터 사용량을 늘리기 위한 다양한 마케팅 노력도 이런 범주에 든다고 하겠습니다. 요즈음 좋은 광고 캠페인을 많이 선보이고 있는 대한항공도 이 범주에 들어갑니다. 경쟁사보다 뭐가 낫다, 좋다고 얘기하기보다는 미국, 일본 등 여행

지의 매력을 최대한 끌어올리면 대한항공이 가장 큰 수혜자가 되리라는 계산이 있는 것이지요.

세 번째는 경쟁사의 반격에 대비하는 것입니다. 후발주자들이 호시탐탐 기회를 엿보는 상황에서 현명한 1등이라면 경쟁사가 치고 나올 가능성이 있는 부분을 유심히 살피고, 필요하다면 선제적인 조치를 취해서 김을 빼놓거나 소비자의 인식이 바뀔 가능성을 차단해야 합니다.

삼성생명 광고는 첫 번째에 해당하는 사례입니다. 생명보험업의 본질은 가족 사랑입니다. 가장인 내가 불확실한 상황에 처했을 때, 가족을 지켜줄 가장 확실한 방법으로 선택하는 것이 보험이니까요. 따라서 보험은 사랑일 수밖에 없습니다. 삼성생명은 굳이 자사의 장점을 계속 이야기할 필요가 없습니다. 업의 본질인 '보험은 사랑입니다'를 이야기하면 됩니다. 그러면 사람들은 '그래, 맞아. 보험은 사랑이지', 그리고 '보험은 역시 삼성생명'이라고 생각하게 되기 때문이지요. 그러니까 2010년 '안녕하세요' 캠페인이 화제를 모았음에도 불구하고 '사람, 사랑' 캠페인으로 전환하면서 '보험은 사랑입니다' 슬로건을 다시 쓴 것은 전략적으로 훌륭한 결정으로 보입니다.

그럼 왜 박태환을 기용했을까요. 두 가지 이유가 있을 것 같습니다. 먼저 20대, 30대 젊은 고객들을 확보하는 것은 생명보험사에게 매우 중요한 일입니다. 미래 고객 확보라는 측면도 있고, 재테크에 민감한 젊은 층의 성향을 감안하면 현재 고객 확보의 측면도 있습니다. 특히 젊은 층을 고객으로 확보하면 장기 고객이 될 가능성이 높아지는 것도 중요한 이유겠지요. 두 번째는 브랜드 이미지 노후화 방지에도 신경을 썼을 것입니다. 1등은 선발주자인 경우가 많고, 그러다 보니 이미지의 노후화 우려는 항상 존재합니다. 두 가지 점을 고려하여 박태환을 모델로 기용하되, 현재의 인식 구도 고착화를 노리는 전략을 사용한 것으로 생각됩니다.

그럼 경쟁사는 어떻게 해야 할까요. 삼성생명이 '보험은 사랑입니다'라고 말하면서 가족 사랑을 그려나가니, 더 진한 가족 사랑을 강조하면 될까요? 시청자들에게서 더 눈물이 나오게 하는 가족 사랑을 이야기하면 될까요? 그런 방법은 삼성생명을 도와줄 뿐입니다. 기존의 인식 구도를 깨뜨리고 흔들고 다시 한 번 생각하게 만드는 방법을 찾아야 합니다. 그런 면에서 교보생명이 '평생친구'라는 콘셉트로 애프터서비스에 초점을 맞춘 캠페인은 의미 있는 시도로 보입니다. 그동안 보험 가입 단계에서는 설계사가 무진 애를 쓰다가도 가입한 후에는 별다른 관리가 없는 것을 많이 느끼고 경험했기 때문에, 새로운 관점으로 노력한다는 인상을 줄 수 있을 것 같습니다. 이렇게 1등 대비 차별점 또는 차별적인 주장을 하려고 노력해야 합니다. 물론 이런 노력이 일회성으로 끝나서는 안 됩니다. 적어도 2~3년 꾸준히 전달해야 소비자의 마음속에 인식될 수 있습니다. 삼성생명과 경쟁사들의 경쟁을 이런 전략적 배경을 생각하면서 눈여겨본다면 재미있을 것입니다.

1등 기업의 광고
2등 기업의 광고

브랜드 선호도와 친밀감

우리나라도 그렇고 외국도 그렇고 생명보험사 광고는 아주 재미있거나 심금을 울리는 광고가 많습니다. 아무래도 가족과 인생이라는 주제를 담기 때문에 사람들의 공감을 끌어내기가 쉽다는 특성이 작용했을 것입니다. 제가 주목했던 생명보험사 광고 캠페인은 바로 이것입니다.

딸의 인생은 깁니다.
어느새 여자가 될 것이고, 사랑하고, 결혼하고, 엄마가 될 것입니다.
긴 인생 아름답도록. 브라보 유어 라이프. 삼성생명.

아들의 인생은 깁니다.

마냥 어린애인 줄 알았는데 제법 남자 티를 냅니다.
언젠가 엄마 품을 떠나겠죠.
긴 인생 아름답도록. 브라보 유어 라이프. 삼성생명.

아버지의 인생은 깁니다.
우리 학자금도 다 갚으셨고, 막내까지 결혼시키셨습니다.
어제는 바지에서 극장 표 두 장이 나왔습니다.
긴 인생 아름답도록. 브라보 유어 라이프. 삼성생명.

어머니의 인생은 깁니다.
이제 좀 살 만해지고, 며느리도 보시고.
요즘 조금씩 멋을 부리기 시작하셨습니다.
긴 인생 아름답도록. 브라보 유어 라이프. 삼성생명.

남편의 인생은 깁니다.
회사 일에, 애들 키우느라 아저씨가 다 되었습니다.
요즘 부쩍 자기가 몇 살로 보이냐고 묻습니다.
긴 인생 아름답도록. 브라보 유어 라이프. 삼성생명.

아내의 인생은 깁니다.
손만 잡아도 얼굴이 빨개지던 여자였는데 어느새 아줌마가 다 되었

습니다.

왠지 좀 미안한 생각이 듭니다.

긴 인생 아름답도록. 브라보 유어 라이프. 삼성생명.

그렇습니다. "인생은 짧고, 예술은 길다"라는 말이 있지만 그것은 예술의 영속성을 강조하기 위해 유한한 인생을 비교한 것이었고, 사실 인생은 꽤 긴 여정입니다. 요즈음은 100세 시대를 얘기하는 마당이니 더욱 긴 여정이 되었습니다. 생명보험을 생각하는 사람들은 거의 부모가 있고, 배우자가 있고, 자식이 있습니다. 연금보험을 제외하면 대부분 보험은 자기 자신이 이익을 보기 위한 것이 아닙니다. 사실 죽은 사람에게 무슨 돈이 필요하겠습니까. 자신이 죽고 나면 남게 될 가족을 위한 안전장치이지요. 연금보험조차도 자기 자신만을 위한 것이라기보다는 자식에게 부담을 주지 않으려는 노력이라고 봐도 틀린 말은 아닐 것입니다.

아들을 둔 사람은 아들이 살아갈 인생이, 딸을 둔 사람은 딸이 헤쳐갈 인생이, 부모님이 있는 사람은 부모님이 살아온 날과 살아갈 날이, 남편과 아내는 같이 겪어온 세월이 아련합니다. 거기에 나를 대입하면 바로 내가 있습니다. 이렇게 광고를 통해 삼성생명은 내 인생의 이야기를 대변해주는 브랜드가 됩니다.

갈수록 제품 차별화가 어려워지는 마케팅 환경 속에서 소비자와 친밀감을 획득하는 브랜드는 오랜 시간 브랜드 선호를 유지해나갈 수 있

==습니다.== 소비자와 친밀감을 얻는 데 성공한 캠페인 사례로 SK텔레콤 현대생활백서 캠페인을 들 수 있습니다. 소비자들의 이야기를 인터넷에서 샅샅이 뒤지고, 나아가 소비자들의 사연을 공모하여 만든 캠페인. 당연히 사람들은 내 얘기라고 느끼고, 호감을 갖게 됩니다.

이런 친밀감 캠페인은 1등이 하기에 적당한 캠페인입니다. 굳이 자기 자신을 드러내고 강조하지 않는 것이 오히려 호감을 얻을 수 있는, 시장이 커지면 자연스럽게 혜택을 가장 많이 보는 브랜드가 할 수 있는 캠페인입니다. 1등이 아닌 브랜드는 무엇이든 무기를 개발해서 시장과 기존 인식을 흔들어야 하기 때문에 이런 캠페인을 하는 것은 적합하지 않습니다. 남이 하는 것이 아무리 좋아 보여도 브랜드의 위치와 목표, 현재 가진 자원을 잘 살펴보아야 합니다. 그것이 광고 전략의 출발입니다.

1등 기업의 광고
2등 기업의 광고 ———

5할의 승리

작년에 서울역에 갈 일이 있었습니다. KTX 역사 3층에 정말 엄청나게 큰 TV가 걸려 있었습니다. 화면 크기로 보면 일반 LCD나 LED TV는 아닌 것 같았는데 화질도 굉장히 좋았습니다. 거기서 삼성 TV 광고를 보았습니다. 삼성 스마트TV 배송 트럭이 독일, 영국, 두바이, 미국 등을 누비는 모습을 보여주면서 전 세계 사람들이 삼성 TV를 좋아하는 이유를 다양하게 말합니다. 그것이 7년 연속 세계 판매 1위의 이유라고 선언합니다. 일단 스케일이 엄청 큽니다. 광고 퀄리티가 확실히 예전보다 좋아 보입니다. 삼성전자가 요즘 광고에 신경을 많이 쓰고 투자를 하는 것이 느껴집니다. '역시 투자를 하면 좋아지는구나' 하고 다시 한 번 확인하게 됩니다. 더구나 삼성이 만든 대형화면에 고화질 TV로 광고를 보니 더 그런 느낌이 든 것 같습니다.

기분이 좋습니다. 삼성전자는 우리나라 대표 기업이니까요. 비록 나에게 주는 이익이 무엇인지는 잘 몰라도 우리나라 대표 기업이 잘나가는 것이 굳이 기분 나쁠 이유는 없으니까요. 국가대표 스포츠팀이 잘할 때에도 직접적으로 내가 얻는 이익은 없지만 기분이 좋은 것과 비슷한 이치겠지요. 하지만 그때 떠오른 생각은 '위기론'이었습니다. 이건희 회장은 항상 잘나갈 때가 가장 위험하다, 미래를 생각하면 식은땀이 난다며 위기론을 이야기한 적이 있습니다. 삼성전자의 분기 영업이익이 최대 10조 원을 넘는 상황에서 그의 위기론은 엄살처럼 들릴 수 있지만 분명 공감이 가는 측면이 있습니다.

꽃은 화려한 붉은색이 열흘을 가지 못하고, 달도 차면 기우는 법입니다. 삼성이 이렇게 세계 1위까지 치고 오를 때, 뒷전으로 물러난 누군가가 반드시 있습니다. 그 누군가는 그냥 있을까요. 절치부심하고 있지 않을까요. 반드시 복귀하기 위해 노력하지 않을까요. 또 삼성처럼 일어나겠다는 야심을 가진 새로운 도전자가 있지 않을까요. 삼성은 지금 그들과 같은 절박한 마음이 있을까요.

일본 전국시대를 호령했던 장수 다케다 신겐(武田信玄)의 책사 야마모토 간스케(山本勘助)라는 사람이 있었습니다. 야마모토 간스케는 이렇게 말했습니다. "이 세상에서 가장 나쁜 승리는 10할의 승리이고, 가장 좋은 승리는 5할의 승리다." 10할의 승리는 완벽한 승리입니다. 한마디로 완승을 거두는 것이지요. 그러면 조금씩 자만심이 생깁니다.

==이 때문에 다음에 패배를 불러올 수 있는, 가장 나쁜 승리라는 겁니다. 5할의 승리는 신승(辛勝), 그야말로 간신히 이긴 승리입니다. 자만심이 싹틀 여지가 없습니다.== 불안한 마음에 준비하고 또 준비합니다. 그래서 다음 싸움에도 잘 대비할 수 있습니다. 그래서 가장 좋은 승리라는 겁니다.

  광고 한 편에서 여기까지 생각이 번지는 것이 조금 지나칠지도 모르겠습니다. 하지만 이렇게 자기 자랑을 하는 광고를 만들 상황이 되었을 때, 자기 브랜드를 한번쯤 돌아보는 마음이 필요하다고 생각합니다. 2등이나 3등이 자신의 존재감을 드러내기 위해 하는 경우라면 문제가 안 됩니다. 하지만 1등이 이런 이야기를 하는 상황이라면 좀 더 겸허하게 자신을 되돌아보아야 합니다. 자신감이 거만함으로 바뀌는 것은 시간문제입니다. 세상 사람들이 다 아는데 자기만 모릅니다. 많은 경우에 비극은 거기에서 시작합니다. 광고 한 편을 통해 인생의 교훈을 다시금 새깁니다.

1등 기업의 광고
2등 기업의 광고 ———

소실대탐

　　　　　　　　　몇 년 전 TV 광고 마지막 부분에 낙서처럼 동그라미가 쳐지면서 '생활의 중심'이라고 말하는 광고가 눈에 띄었습니다. SK텔레콤의 '현대생활백서' 캠페인이었습니다. 이동통신과 관련한 생활 속 에피소드들을 모아서 책으로 만들고, 그중 일부를 발췌해서 TV 광고 캠페인을 만드는 새로운 시도였습니다. 시도 자체가 재미있고, 광고도 재미있었고, 무료로 나눠준 책은 큰 인기를 끌어 매우 성공적인 광고 캠페인 사례입니다. 2006년 대한민국 광고대상까지 수상하여 한국 광고사에 남을 캠페인이 되었습니다.

　이런 캠페인의 배경은 무엇일까요. 기술 수준이 지금처럼 발달하지 못했던 산업화 시대에는 경쟁사와의 제품 차별화가 상대적으로 용이했습니다. 하지만 기술 수준이 전반적으로 상향 평준화되고, 정보 흐름이 굉장히 빨라진 요즈음에는 제품 차별화가 쉽지 않은 것이 현실입니다. 더군다나 이동통신은 눈에 보이고 손으로 만져지는 제품이 아니기 때문에 더욱 차별화가 쉽지 않습니다. 이런 브랜드일수록 소비자와 친밀감을 형성하여 소비자로 하여금 나만의 브랜드로 느끼게 하는 것이 중요합니다.

여기서 친밀감을 형성해준 1등 공신은 바로 공감입니다. 소비자들에게 '맞아, 나도 저랬는데' 하는 반응을 이끌어낸 것이죠. 특히 캠페인이 진행되면서 소비자로부터 직접 받은 사연을 바탕으로 광고를 제작하기도 했습니다. 이 경우 소비자의 이름을 광고에 직접 명기하여 공감을 증폭하는 효과을 보았습니다.

SK텔레콤은 공감을 이끌어내는 데 있어 이동통신의 영역을 살짝 넘기도 했습니다. 사실 캠페인 중에서 몇 편의 광고는 정확하게 말하자면 이동통신과 직접적인 연관이 없는 내용이었습니다. 예를 들어 휴대폰에 있는 카메라 기능을 이용해서 이를 쑤시는 모습을 보여준 광고라든지, 버스 안에서 졸던 군인이 기상나팔이 울리는 아저씨의 휴대폰 벨소리에 놀라 일어나서 경례를 부치는 광고, 휴대폰 문자입력 기능을 장애인의 의사소통 도구로 사용하는 광고는 따지고 보면 휴대폰의 기능이지 이동통신의 기능은 아닙니다. 하지만 광범위한 관점에서 통신과 관련한 생활의 모든 모습을 담았기에 사람들은 재미있게 보고 넘어간 것이지요.

==이런 캠페인은 1등이 할수록 유리합니다. 1등은 시장을 대변하는 입==

1등 기업의 광고
2등 기업의 광고

장이기 때문에 시장 전체를 시야에 두고 이런 캠페인을 전개할 수 있지만, 2등이나 3등은 이런 캠페인을 해봐야 자사의 경쟁력을 두드러지게 하지도 못하고 시장점유율 싸움에 큰 도움을 얻지도 못합니다. 따라서 1등만이 선택할 수 있는 방법입니다.

하지만 1등이라고 해서 누구나 할 수 있는 것도 아닙니다. 이런 방법을 선택하는 데에는 용기가 필요하기 때문이지요. 자기 브랜드를 부각하거나 자랑할 수는 없다는 것입니다. 만약 현대생활백서에서 SK텔레콤의 경쟁우위를 드러내서 통화 품질이 좋다고 자랑하거나 특별한 인터넷 서비스가 있다고 자랑했다면 소비자의 공감을 얻을 수 있었을까요. 이치는 단순하지만 기업 입장에서 엄청난 광고비를 들여서 광고 캠페인을 전개하는 데 자기 자랑을 전혀 하지 않는다는 것은 쉬운 일이 아닙니다. 물론 이동통신이 현대 생활의 중심이라는 말을 '생활의 중심, SK텔레콤'으로 절묘하게 치환하여 브랜드의 입장을 살짝 드러냄으로써 아쉬움을 달래기는 했지만 이런 캠페인을 선택하고 집행했다는 것 자체가 대단하다고 할 수 있습니다.

우리는 흔히 소탐대실(小貪大失)을 경계합니다. 작은 것을 탐하고 집착하다가 오히려 큰 것을 놓칠 수 있습니다. SK텔레콤은 오히려 '소실대탐'의 길을 갔습니다. 자기를 드러내려고 하는 작은 이기심을 버리고 대신에 온 국민의 사랑을 받는 통 큰 캠페인을 한 것이지요. 무릇 1등이라면 이런 배포와 그릇을 가져야 합니다. 그걸 알아줄 만큼 광고 시청자는 현명합니다.

1등 기업의 광고 ────
2등 기업의 광고 ────

인식의 싸움터

삼성은 거의 모든 분야에서 1위인 기업입니다. 삼성전자는 국내 1위를 넘어 세계 전자업계를 리드하는 위치에 있고, 삼성생명, 삼성화재, 삼성물산 등 대부분의 계열사들이 모두 업계를 선도하고 있습니다. 삼성은 우리나라에서는 신화적인 존재입니다. 특히 삼성전자를 중심으로 해외 시장을 개척해서 한국을 외국에 알렸고, 완벽주의를 추구하는 철저한 기업이라는 인식이 강하게 새겨져 있습니다. 그래서 국민들의 마음속에 삼성에 대한 믿음은 일종의 신념처럼 되어 있습니다. 가끔 저는 우리나라에서 모든 사람이 믿는 유일한 종교는 삼성이라는 농담까지 합니다.

그런 믿음을 활용한 광고가 있었습니다. 1997년 1월 삼성자동차 카드 광고가 나왔습니다. '내년 3월, 삼성이 만든 자동차가 나오니까 삼성자동차 신용카드를 발급받아 사용 실적에 따라 차 살 때 할인을 받으라'는 내용이었습니다. 마무리 카피는 '삼성이 만들면 다릅니다'였습니다. 꽤 많은 가입자가 모였던 것으로 기억합니다. 그런데 가만히 생각해보면 말이 안 되는 이야기입니다. 자동차는 지금도 그렇지만 당시에는 더욱 고가의 제품이고 신중하게 구입하는 제품입니다. 그런데 아직 차가 나온 것도 아니고, 더구나 삼성은 자동차 업계에서는 완전히 초보인데도 사람들은 '삼성이 만들면 다릅니다'라는 말에 넘어가는 겁니다. 그만큼 삼성은 우리 국민들 마음속에 확고하게 자리 잡은 브랜드입니다.

계열사인 삼성카드는 신용카드 시장에서 LG카드를 인수해 세를 불린 신한카드, 공격적인 마케팅으로 유명한 현대카드와 치열하게 경쟁하다가 다음과 같은 멀티광고를 내보낸 적이 있습니다. 양준혁이 나와서 "나는 전직 삼성맨이었다. 하지만 여전히 삼성의 혜택 속에 산다"고 말합니다. 김태원이 출연해서 "나는 로커다. 하지만 삼성의 혜택은 좀 챙긴다"고 합니다. 공효진도 "나는 영화배우다. 하지만 삼성 다니는 친구의 혜택은 부러웠다"고 합니다.

그동안 절치부심했던 삼성카드의 전략적 선택은 '삼성'이라는 파워 브랜드인 것이지요. 사실 예민한 마음을 가지고 보자면 거슬리는 카피입니다. 많은 아쉬움과 뒷이야기를 남기고 삼성을 떠난 사람조차도 여전히 삼성의 혜택 속에 산다며 즐거워하고, 많은 여자들이 부러워하는 영화배우조차 삼성 다니는 친구를 부러워한다는, 어찌 보면 공감하기

1등 기업의 광고
2등 기업의 광고 ──

==어렵고 오만함까지 느껴질 수 있는 카피인데도 별다른 반감이 없는 걸 보면 과연 삼성이 대단한 브랜드라는 생각이 듭니다.==

삼성의 사례만 있을까요. 아주 오래된 광고라서 TV에서 보지 못한 사람도 있을지 모릅니다. 게토레이 광고입니다.

우리나라에 처음으로 스포츠음료 포카리스웨트를 소개한 것은 동아오츠카였습니다. 동아오츠카는 동아제약과 일본 오츠카제약의 합작사입니다. 동아오츠카는 일본에서 1980년에 론칭하여 인기를 끌던 포카리스웨트를 들여와서 1987년 한국 시장에 내놓았습니다. 그때 소비자들에게 전혀 새로운 개념인 '알칼리성 이온음료'라고 소개하였습니다. 처음엔 소비자들이 조금 어리둥절했지만 금방 개념을 이해하기 시작했습니다. 곧이어 제일제당에서도 미국 게토레이사와 제휴해 게토레이를 판매하기 시작했습니다. 그리고 게토레이 광고를 열심히 했지만 크게 효과를 보지 못하고 오히려 포카리스웨트만 더 잘 팔렸다고 합니다. 왜냐하면 게토레이도 알칼리성 이온음료라고 광고하자 소비자들은 '제일제당도 알칼리성 이온음료 광고를 하는 걸 보니 이런 제품들이 인기인가 보네. 기왕이면 원조인 포카리스웨트를 마셔야겠네' 하고 생각한 것입니다. 제일제당 입장에서는 자존심이 상할 수밖에 없습니다. 물론 동아오츠카가 오란씨, 나랑드사이다 등으로 닦아놓은 기반이 있기는 하지만 역사와 전통을 자랑하는 제일제당으로서는 쉽게 받아들일 수 없는 일이었죠.

게토레이 쪽에서는 뭔가 다른 방법이 필요했습니다. 포카리스웨트와 같이 알칼리성 이온음료를 계속 강조해봐야 포카리스웨트를 도와주는 꼴이 되니까요. 그래서 찾아낸 방법이 게토레이의 콘셉트를 새롭게 정의하는 것이었습니다. 그건 소비자의 마음속에 있었습니다. 사람들이 음료를 마시는 이유는 청량감과 기분 전환도 있지만 가장 큰 이유는 갈증 해소입니다. 알칼리성 이온음료는 물보다 빨리 인체에 흡수되어 갈증을 빠르게 해소해주는 효과가 있습니다. 심지어 술을 많이 마신 다음 날 숙취 해소와 갈증 해소를 위해서 마시는 사람도 있을 정도였죠. 그래서 게토레이는 갈증 해소 음료를 새로운 콘셉트로 정해 광고를 만들었습니다.

아예 녹색 바탕에 흰 글씨로 갈증 해소를 위한 음료라고 크게 쓰고 "달지 않아야 한다, 물보다 흡수가 빨라야 한다"라고 갈증 해소를 위한 음료의 조건을 큼직하게 자막을 넣었습니다. 거의 절반은 자막 광고에 가까운 형태였으니 읽지 않을 수 없을 정도였죠. 그리고 동시에 여러 편의 광고를 만들어 광고 노출을 많이 했습니다. 이렇게 갈증 해소 음료라고 새롭게 콘셉트를 정의하고 집중적으로 커뮤니케이션 투자를 하자 시장 반응이 달라졌다고 합니다. 포카리스웨트를 단번에 따라잡지는 못했지만 매출 상승이 두드러졌습니다. 사람들은 이제 게토레이를 포카리스웨트와 같은 줄 뒤쪽에 있는 제품이 아니라 다른 줄에 있는 제품으로 보기 시작했기 때문입니다. 물론 판촉 등 다른 영향도 있었겠지만 사람들의 인식을 바꾸게 되면 결과도 달라진다는 것을 보여주는 사례입니다. 하지만 사람들의 인식이 그렇게 쉽게 달라지

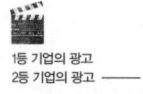

1등 기업의 광고
2등 기업의 광고 ──

지 않는다는 것을 보여준 사례도 있습니다.

초코파이 하면 어떤 회사가 생각나시나요? 물론 오리온일 겁니다. 자일리톨껌 하면 어느 회사가 생각나시나요? 아마 롯데를 떠올리실 겁니다. 그런데 재미있는 것은 롯데도 초코파이를 만들고, 오리온도 자일리톨껌을 만든다는 사실입니다. 물론 그 제품들의 실적은 경쟁사를 따라잡지 못합니다. 그럼 롯데는 초코파이를 잘 못 만들고, 오리온은 자일리톨껌을 잘 만들지 못하기 때문에 그런 걸까요. 그럴 리는 없지요.

문제의 핵심은 인식입니다. 초코파이는 오리온이 원조이고, 자일리톨껌은 롯데가 원조입니다. 단순히 먼저 출시한 것만이 아니라 마케팅과 커뮤니케이션 투자를 많이 해서 소비자들의 마음속에 먼저 자리 잡은 브랜드입니다. 그러니 경쟁사에서 아무리 인력과 노력을 투입해도 뒤집기가 어려운 것이지요. 물론 이런 경우에는 경쟁사보다 조금 낮은 가격에 판매하면서 일정한 매출을 노리는 '미투(me too)' 전략을 의도적으로 사용하기도 합니다.

이런 사례들을 볼 때, 마케팅은 인식의 싸움터인 것이 분명합니다. 경험해보지 않았고, 따라서 알 수 없는 이야기도 믿게 만드는 인식의 힘. 그래서 인식은 무서운 것입니다. 사람들에게 한번 인식되면 쉽게 바뀌지 않습니다. 그래서 인식의 선점이 중요하고, 한번 각인된 인식은 일관되게 밀고 나가 더욱 강화해야 합니다. 결국 광고는 소비자의 마음속에 좋은 인식을 심고, 강화하는 싸움입니다.

하지만 반대 입장에서 보면 기존의 강자가 너무나 튼튼하게 인식을 쌓았다면 싸움의 장을 옮겨야 합니다. 달걀로 바위를 치듯 되지도 않을 싸움을 계속하는 것은 의지가 강한 것이 아니라 미련한 겁니다. 물론 거기에는 일정한 규모 이상의 투자가 따라주어야 하므로 부담스러운 일이지요. 하지만 시장에서 그렇게 근근이 버티겠다는 목표가 아니라면 싸움의 장을 바꾸고 투자하는 노력을 기울여야 합니다. 경쟁 브랜드가 잘되는 것을 보고 부러워만 할 것이 아니라, 그들의 과정에 주목해야 합니다.

1등 기업의 광고
2등 기업의 광고

당연히

　몇 년 전 광고입니다. 답이 뻔한 질문을 먼저 던집니다. 동네 아저씨와 전문 안전요원 중에 누가 인명구조를 더 잘할 것 같은가. 오토바이 그랑프리 챔피언과 동네 중국집 사장님 중에 누가 짜장면 배달을 더 잘할 것 같은가.

　이번에는 이런 질문을 던집니다. 꼭 필요할 때 가장 믿을 수 있는 보험회사는 어디일 것 같은가. 사고 나면 가장 빨리 오는 보험회사는 어디일 것 같은가. 여러분도 한번 생각해보세요. 답은 '당연히, 삼성화재'입니다. 아마 거의 70퍼센트 이상이 같은 답을 하리라 생각합니다.

　그런데 어찌 보면 너무 당당한 것 아닌가 하는 생각도 듭니다. 아무리 자기 회사가 잘났다고 해도 자기 입으로 '당연히, 삼성화재'라는 말을 한다는 것은 좀 그렇지 않나 하는 생각이 듭니다. 하지만 이게 바

1등 기업의 광고
2등 기업의 광고

로 1등의 특권입니다.

제가 좋아하는 전략적 사고의 틀로 'Five Venue'를 언급한 적이 있습니다. 그것에 따르면 압도적인 우위를 가진 브랜드가 취할 수 있는 방법 중 하나는 현재 인식 구도의 고착화를 시도하는 것입니다. 손해보험 시장에서 1위는 삼성화재입니다. ==기업 자체의 능력도 충분하지만 삼성이라는 브랜드의 힘까지 보태고 있습니다. 이럴 때 1등이 취할 수 있는 방법 중 하나는 소비자들이 아예 다른 생각을 하지 못하게 하는 것입니다.== '당연히 삼성화재이지 뭘 다른 생각을 해. 그럴 필요 없어.' 이것이 이 광고 캠페인의 목적입니다.

의도적으로 이런 메시지를 만들고, 반복적으로 노출하면 사람들은 자연스럽게 그 내용을 받아들이게 됩니다. 더구나 자신이 기존에 가지고 있던 생각과도 부합하기 때문에 자신의 신념으로 내면화하는 데 걸림돌이 없습니다. 이런 과정을 통해서 경쟁사의 도약을 사전에 방지해 나가는 것입니다. 조금 너무하다는 생각도 들지만 아주 효과적인 방법입니다.

슬로건이나 카피를 보면 재미있는 현상을 발견하게 됩니다. '~는'을 쓰는 경우와 '~도'를 쓰는 경우가 있습니다. 어떤 브랜드가 '~는'을 쓰고, 어떤 브랜드가 '~도'를 쓸까요. 1등 브랜드는 '~도'를 쓰고, 2등이나 3등 브랜드는 '~는'을 씁니다. 통신시장의 예를 들어보겠습니다. LG유플러스는 3G 서비스를 하지 못해 시장에서 어려움을 겪었습니다. 그래서 LTE 시장에서만큼은 반드시 앞서가겠다는 목표를 세웠고, 그에 따라 LTE 시장에 가장 먼저 진입하여 대대적인 커뮤니케이션을 전개했습니다. 당연히 기존 인식과 단절하고 싶었고, 그래서 'LTE는 LG유플러스'라는 카피를 내세웠습니다.

반면 SK텔레콤은 어땠을까요? 당연히 1등으로서 기존의 시장 구도를 LTE 시장에서도 그대로 끌고 나가기를 원했습니다. 그래서 'LTE도 SK텔레콤'이라는 입장을 취하게 되었습니다. 하지만 LG유플러스에 선수를 빼앗겨 상당히 고전을 했습니다. LTE만큼은 LG유플러스가 앞선다는 인식이 소비자에게 형성되었기 때문이지요. 그러다 새로운 기술적 진보가 있었습니다. LTE-A 서비스가 등장한 것이지요. 이때 SK텔레콤은 'LTE-A는 SK텔레콤'이라는 메시지를 전합니다. LTE-A를 LTE와는 다른, 별개의 시장으로 분리해서 그 시장에서는 SK텔레콤이 앞서간다는 인식을 심어주기 위한 전략이지요. 재미있는 점은 LG유플러스가 'LTE-A도 LG유플러스'라는 카피를 구사한 것입니다. 공수가 뒤바뀐 것을 보면 브랜드가 각자 처한 입장에 따라 치열하게 변신하면서 싸우는 것을 실감할 수 있습니다.

과연 그 브랜드가 자신의 위치를 파악하고 그에 따른 적절한 전략을 구사하고 있는지를 살펴보는 것은 광고를 보며 느끼는 또 하나의 재미입니다.

1등 기업의 광고
2등 기업의 광고 ─

진실은 늘 현상 저 너머에 있다

지금 보면 별것 아닌 것처럼 느껴질 수 있지만 당시만 해도 큰 충격이었습니다. "도저히 이해할 수 없다. 아마 만든 사람들도 의도를 모를 것이다"와 "포스트모더니즘이란 이런 것"이라는 극단의 평가를 받았던 광고 캠페인, SK텔레콤의 TTL입니다.

1997년 10월 기존의 SK텔레콤, 신세기통신 외에 PCS 3사, 즉 KT프리텔, LG텔레콤, 한솔PCS로 이루어진 이동통신 5사 체제가 구축되었습니다. 그때부터 SK텔레콤의 고민은 깊어갔습니다. 브랜드 선호도는 높지만 10대 후반, 20대 초반 고객 기반이 약하기 때문이었죠. 상대적으로 요금이 비싼 SK텔레콤으로서는 어찌 보면 당연한 일이지만, 그들이 미래의 이익을 담보할 장기 고객이라는 점에서 보면 당연하게 받아들일 수는 없는 일이었습니다. 많은 고민과 토론 속에서 TTL이라는 브랜드가 탄생했습니다. 신비 소녀 임은경이 등장하는, 이해하기 어려운 광고에 사람들은 주목했고, 젊은이들은 열광했습니다. 파격적인 광고는 언론의 관심을 끌어, 기사로 확대 재생산되었습니다. 결과적으로 TTL은 젊은이들의 관심과 가입을 이끌어내는 데 성공했습니다. 많은 사람들은 그것을 광고 캠페인의 승리라고 생각했습니다.

하지만 생각해봅니다. 과연 광고 캠페인이 TTL의 성공을 이끈 결정적인 요인이었을까요. 광고를 평생 업으로 삼는 저조차도 광고 만능론을 믿지 않습니다. 광고는 브랜드의 모든 문제를 해결해주는 도깨비 방망이가 아닙니다. 상당히 많은 문제를 해결할 수 있는 능력을 갖고 있지만, 광고만이 유일한 해결책이라는 생각은 말이 안 됩니다. 광고가 그렇게 주목을 받는 이유는 소비자와 가장 접점이 되는 부분에 화려하게 위치해 있기 때문입니다.

그렇다면 TTL의 성공 요인은 무엇이었을까요. TTL 전용 휴대폰, 멤버십카드, TTL 고객만을 위한 TTL 존 등 새롭게 선보인 서비스도 큰 역할을 했겠지만 저는 파격적인 요금 할인이 핵심이었다고 봅니다. 젊은 고객들의 욕구를 잘 파악해서 지역 할인, 지정번호 할인, 커플 할인 등 다양한 할인제도를 만들어 그들의 입맛에 맞게 공급해준 것이 가장 큰 원동력이었다고 생각합니다. 요금 문제를 해결해주고, 폼 나게 포장까지 해주니 SK텔레콤으로 관심이 쏠릴 수밖에 없었던 것이죠. 물론 새롭게 선보인 다양한 마케팅 기법들은 높게 평가해야 하고,

1등 기업의 광고
2등 기업의 광고

광고도 큰 역할을 했지만 소비자를 움직인 결정적인 요인은 역시 파격적인 요금 할인이었다고 봅니다.

"진실은 늘 현상 저 너머에 있다"는 격언이 있습니다. 적어도 광고, 마케팅을 하는 사람이라면 겉으로 보이는 것만이 아니라 현상 뒤에 숨은 본질을 파악하려는 노력을 기울여야 합니다.

하나 더 얘기하고 싶은 것이 있습니다. SK텔레콤은 TTL을 준비하면서 쉬운 길을 가지 않았습니다. 만약 기존 브랜드 파워를 활용하는 쉬운 길로 갔다면 '스피드 011 young' 같은 방법을 택했겠지요. 하지만 그 길로 갔다면 과연 달라 보였을까요. 또 기존에 생각하지 못했던 방법들을 이렇게 많이 만들 수 있었을까요. 아마 쉽지 않았을 겁니다.

행정학에 ZBB(Zero Base Budgeting)이라는 개념이 있습니다. 예산 계획을 세울 때 사용하는 방법 중 하나입니다. 기존의 예산을 염두에 두고 새로운 예산을 짜면 획기적인 변화를 일으키기가 어렵다고 합니다. 기존의 관성을 따라가다 보면 이것저것 고려할 사항이 많기 때문입니다. 그래서 획기적인 예산 편성을 하려면, 기존의 예산 자료를 전혀 참고하지 않고 그야말로 제로 베이스에서 모든 항목의 타당성을 따져보는 작업을 해야 한다는 개념입니다. TTL도 그런 개념으로 접근하지 않았나 생각합니다. 예전과 똑같은 방법을 쓰면서 시장에서 새로운 결과를 얻기를 기다리는 것은 고목나무에서 꽃이 피기를 기다리는 것과 별로 다르지 않습니다.

경쟁사라는 이름의 축복

광고주와 회의를 할 때, 자주 받는 질문이 있습니다. "경쟁사는 어떻게 할 것 같습니까", "경쟁사는 광고비를 얼마나 쓸 것 같습니까", "경쟁사가 이렇게 나올 경우 우리의 대책은 무엇입니까" 등등 주로 경쟁사와 관련한 질문입니다. 이렇게 매일 경쟁사를 의식하며 사는 광고주에게 "경쟁사는 축복입니다"라는 이야기를 하면 무슨 소리인가 싶을 겁니다. 피 말리는 경쟁을 하는, 얄밉게 느껴지는 경쟁사가 축복이라니, 원수를 사랑하라는 성인 말씀도 아니고…….

하지만 경쟁사가 있다는 것은 축복입니다. 특히 시장 도입기에 그렇습니다. 새로운 제품 카테고리를 선보일 때, 혼자만의 힘으로 그 카테고리에 대한 관심을 불러일으키는 것은 쉬운 일이 아닙니다. 혼자서

고군분투하다가 카테고리에 대한 관심 자체를 불러일으키지 못해 사라진 제품도 많습니다. 만약 경쟁사가 있어서 치열한 마케팅 경쟁을 한다면 카테고리에 대한 관심을 끌기에 좋은 환경이 될 수 있습니다. 단적인 예로 홀로 30억 원의 광고를 하는 것보다는 경쟁사와 합쳐 80억 원의 광고비로 치열하게 경쟁한다면 주목을 받기가 훨씬 용이해지겠지요.

헛개음료 시장이 좋은 예입니다. 2010년 3월 광동 힘찬하루 헛개차 출시 이후, 2010년 43억 원에 불과했던 시장은 2013년에는 무려 650억 원 규모로 성장했습니다. 여기에 큰 역할을 한 것이 CJ헛개수입니다. 2010년 9월, CJ헛개수의 등장과 경쟁으로 헛개음료 시장은 성장가도를 달리게 된 것이지요. 막강한 경쟁자의 등장이 시장을 키우는 촉매제 역할을 한 것입니다.

과거 비타500이 등장했을 때에도 비슷한 제품이 많이 나와서 시장을 확대하는 역할을 했습니다. 요즈음 에너지 드링크도 경쟁 제품이 많이 출시되면서 카테고리 자체가 관심을 끌고 동반 성장하는 모습을 보이고 있습니다.

따라서 시장 도입기에는 경쟁 제품이 등장하는 것을 부정적으로 바라볼 필요가 없습니다. 오히려 호재로 봐야 합니다. 물론 경쟁 제품을 이기기 위해 제품으로나, 마케팅으로나 노력을 많이 해야 한다는 것은 당연한 전제이지요.

그렇다면 시장 도입기에만 좋은 일인가요. 그 이후에도 ==자기 브랜드==

==가 1위 혹은 2위를 기록하고 있다면 경쟁사가 있다는 것, 특히 막강한 라이벌이 있다는 것은 좋은 일입니다. 마케팅 불변의 법칙에도 나와 있듯이 시장은 장기적으로 두 마리 말이 경쟁하는 체제로 나갑니다.== 아디다스와 나이키, 코카콜라와 펩시, 삼성과 애플, 짜장면과 짬뽕……. 이렇게 라이벌 구도가 되면 사람들은 시장을 훨씬 더 쉽게 인식합니다. 그래서 그 인식 구도에 들어가기만 한다면 나 혼자만의 힘이 아니라 경쟁자의 힘까지 보태져서 시장을 방어할 힘이 생깁니다. 어떤 이슈가 생기건 간에 그 카테고리를 언급할 때 두 개의 브랜드가 계속해서 노출되고, 결과적으로 두 브랜드가 제3의 브랜드를 견제하는 효과를 누리게 됩니다.

그러니 '경쟁사는 축복'이라는 얼핏 듣기에는 말이 안 되는 명제가 성립하는 것입니다. 피할 수 없는 경쟁사를 귀찮게만 여기기보다는 좋은 환경을 만들어주는 고마운 존재로 받아들이고, 어떻게 나에게 유리하게 활용할지를 고민하는 것이 낫다고 생각합니다.

1등 기업의 광고
2등 기업의 광고

거인의 어깨 짚기

　　　　　　　　　　　　광고 일을 하면서 많은 브랜드를 경험했지만 그중에서도 기억나는 브랜드는 '가야당근농장'입니다. 제일기획에서 대리로 근무할 때, 당시 건영식품의 오너와 지인관계였던 아트디렉터 선배의 소개로 인연을 맺게 되었습니다. 당시 건영식품은 생수와 식이성 섬유음료를 출시했지만 대중 광고는 해본 적이 없었습니다. 신제품으로 당근주스를 출시하기로 결정되었을 뿐, 광고와 마케팅 계획은 백지 상태였습니다. 광고주가 모처에 있는 창고로 데려가서 큰 통에 든 제주도산 당근 원액을 보여주었을 때, 막막한 기분이 들었습니다. 하지만 이렇게 처음부터 큰 그림을 그려볼 기회도 흔치 않다는 생각에 좋은 사례를 만들어보자는 의욕이 생겼습니다. 가장 먼저 브랜드 네임을 만드는 것이 필요했습니다. 생수 브랜드로 사용하고 있던

'가야'라는 브랜드가 왠지 고급스럽게 느껴져 마음에 들었습니다. 거기에 자연 이미지와 누적 효과를 위해 '가야○○농장' 시리즈를 브랜드 네임으로 추천했습니다. 어차피 음료 시장에 뛰어들기로 한 이상, 당근주스 하나만 가지고 승부를 볼 수는 없었습니다. 다른 주스도 출시해야 하는데 모든 제품을 광고할 만한 예산이 없었습니다. 제품 광고 한 편을 해도 이후에 출시될 제품에까지 영향을 미치려면 브랜드 네임의 계열화가 꼭 필요하다고 제안했습니다. 실제로 가야당근농장 출시 이후에 가야토마토농장, 가야알로에농장 등 후속 제품이 계속 출시되었습니다. 브랜드 네임이 정해진 다음, 제품 패키지 디자인 등 후속 작업을 진행해나갔고, 이제 가장 중요한 광고를 만드는 일이 남았습니다.

우리 쪽에서는 당근농장 제품 광고만이 아니라 가야 브랜드 광고를 먼저 하자는 제안을 내놓았습니다. 광고 예산은 넉넉하지 않았지만 브랜드에 있어 출발은 단 한 번밖에 없는 사건이자 기회입니다. 앞으로 개별 제품들이 힘을 받기 위해서도 브랜드가 지향하는 바를 알릴 필요가 있다고 판단했습니다. 그때 생각한 포지셔닝이 '음료 시장의 풀무원'이었습니다. 풀무원 브랜드 이미지가 좋은 것은 지금이나 그때나 변함이 없습니다. 다행히 당시 풀무원에서는 음료 제품을 출시하지 않은 상태여서, 풀무원 이미지에 업혀가면 적은 예산으로 좀 더 쉽게 음료 시장에서 한자리를 차지할 수 있을 것이라는, 다소 얄팍한 계산이었습니다. 다행히 제안이 받아들여졌고, 브랜드 광고를 먼저 만들어서 집

1등 기업의 광고
2등 기업의 광고

행했습니다.

"기분만 내는 음료보다는 몸까지 생각한 마실 거리를 만들자. 정직한 마실 거리 문화를 위하여. 가야." 당시 TV 광고 카피입니다. 카피에서 광고의 의도를 바로 느끼셨을 겁니다. 풀무원의 '바른 먹거리' 슬로건을 차용해서 '마실 거리'라는 단어를 사용했습니다. 브랜드 광고 이후, 당근농장 광고가 이어졌고 비교적 성공적으로 시장에 진출했습니다. 이후 제가 광고 담당은 하지 않았지만 후속 제품들이 잇달아 출시되었고, 한때 모 편의점 병 주스 매대 8줄 중 3줄을 차지한 것을 보고 혼자 흐뭇했던 기억이 납니다.

조금 부끄러운 고백을 했습니다만 힘이 부족할 때는 남이 가진 힘을 활용하는 것도 하나의 방법입니다. 특히나 거인의 어깨를 짚으면 더 높이 올라갈 수 있습니다.

브랜드 네임의 힘

　　　　　　　　　　　　TV에서 이런 광고를 보신 적이 있을 겁니다. DJ가 나와서 멜론을 고르더니 턴테이블 위에 멜론을 올려놓고 음악을 틀던 광고, 그리고 냉장고에서 멜론을 꺼내 들고 새벽 길거리로 나가서 난데없이 멜론에 이어폰을 꽂고 음악을 듣는 광고. SK텔레콤의 멜론 론칭 광고입니다.
　멜론은 2004년 11월 SK텔레콤에서 론칭한 온라인 음원 서비스입니다. 미국 애플의 아이튠즈보다는 론칭이 늦었지만 멜론은 현재 온라인 음원 서비스 시장에서 확고한 1위입니다. 코리안클릭의 2013년 4분기 집계에 따르면 멜론은 방문자 수 611만 명으로, 2위 엠넷(150만 명)의 4배, 이용 시간 기준으로는 엠넷의 6.4배의 점유율을 보이고 있습니다. 국민 메신저 서비스 카카오를 등에 업은 카카오뮤직 등 후발주자

1등 기업의 광고
2등 기업의 광고 ───

들의 추격이 있긴 하지만 압도적인 1위인 것만은 분명합니다. 물론 제작사, 작곡가, 가수 같은 권리자에게 돌아가는 수입이 너무 적고, 유통업자의 몫이 너무 크다는 비판이 있지만, 아무튼 시장을 개척하고 1위 자리를 단단하게 차지한 브랜드입니다.

멜론의 성공에는 여러 가지 요인이 있겠지만, 그 이름도 한몫했다고 생각합니다. 멜론은 'melody on'의 줄임말이지만, 과일 멜론이 연상되어 기억하기도 쉬운 이름입니다. 멜론을 세상에 선보이기 전에 SK텔레콤 광고주가 저에게 브랜드 네임 후보들을 보여주며 의견을 물은 적이 있었습니다. 그때 저는 "멜론이 가장 좋다. 쉬울 뿐만 아니라, 이름 자체에 스토리가 있는 느낌이 든다"는 의견을 말했습니다. 이름이 결정되고 나서 광고를 만들게 되었을 때, 저는 제작팀에게 과일 멜론을 가지고 쉽게 풀어보는 것이 어떻겠냐는 의견을 제시했고, 제작팀에서 앞서 얘기한 좋은 아이디어를 내주어서 일이 아주 쉽게 풀렸습니다. 광고학회 선정 올해의 광고상 대상을 받는 기쁨까지 누렸습니다. 만약 멜론이라는 이름을 잘 활용하지 못했다면 시장에서 자리 잡는 과정이 좀 더 어렵지 않았을까 하는 자화자찬의 생각도 듭니다.

이름은 누구에게나 소중한 것입니다. 아이 이름 지을 때를 한번 생각해봅시다. 며칠 동안 고민하고 이런저런 자료도 찾아봅니다. 후보 몇 가지를 들고 주위 사람들에게 의견을 물어보기도 합니다. 사람들이 더 많이 선호하는 이름을 확인하고도 최종 결정을 망설이게 됩니다. 하지만 시간이 흐르고 나면, 이름에 담았던 큰 의미는 사라지고 단순히 호칭의 수단으로 내려가고 맙니다. 그렇게 익숙해지면서 의미를 잃는 것이지요.

그렇게 의미를 잃어가던 이름에 다시금 조명을 비추면 한 기업을 다시 일으키기도 합니다. 대표적인 사례가 참이슬입니다. 진로는 소주 시장의 절대 강자였습니다. 하지만 대기업 두산이 경월소주를 인수하여 1994년에 그린소주를 출시한 이후 한때 시장점유율이 18퍼센트까지 올라가는 돌풍을 일으켰습니다. 위기감을 느낀 진로는 1997년 알코올도수 23도의 순한진로를 출시했으나 반응이 신통치 않았습니다. 그때 진로를 구한 것은 바로 '진로'라는 이름이었습니다. 진로의 한자 '眞露'를 풀어쓰면 참이슬입니다. 아무도 주목하지 않았고, 떠올리지 않았던 원래의 뜻을 살려 '참이슬'이라는 브랜드를 만들었습니다. 이슬처럼 맑고 깨끗한 술. 소주에 아주 잘 어울리는 이름입니다. 또 순 한글이라 젊은 느낌을 주어 진로가 가진 다소 올드한 이미지를 벗어나는 데에도 좋은 영향을 미쳤습니다. 그 결과 1998년에 출시된 참이슬은 시장점유율 48퍼센트대(2013년 3분기 기준)를 기록하며 1등 자리를 굳건히 지키고 있습니다. 정성껏 만든 이름이 그 뜻을 잘 되살려 위기에 처한 회사를 구하는 일등공신이 된 사례입니다.

이름을 잘 활용한 사례는 또 있습니다. 1996년 신세계는 기업 광고 캠페인을 전개했습니다. 미니스커트 쇼크의 주인공 윤복희, 세계적인 지휘자 정명훈, 한국 음악계에 충격을 던진 서태지, 비디오아트라는 새로운 예술을 창시한 백남준을 통해 '꿈과 용기가 있는 새로운 세계'

1등 기업의 광고
2등 기업의 광고

를 열어가는 예술가 정신과 '신세계' 브랜드를 절묘하게 접목하였습니다. 사실 우리는 일상생활 중 신세계백화점을 말하면서도 신세계의 뜻이 '새로운 세계'라는 것을 거의 인식하지 못합니다. 신세계에 담긴 좋은 뜻을 잘 살리면서 역사가 깊어 자칫 올드하게 느껴질 수 있는 브랜드에 젊은 이미지를 심어준 캠페인이었습니다.

==광고, 마케팅이 잘 풀리지 않아 고민될 때, 브랜드 네임을 한번 찬찬히 살펴보는 것도 좋은 방법입니다. 혹시 풀리지 않던 숙제의 단초가 되어 생각지도 못했던 좋은 아이디어가 떠오를지도 모릅니다. 브랜드 네임은 브랜드 인지도와 직결되고, 브랜드가 항상 광고, 마케팅의 중심이 될 수밖에 없으니 정말 좋은 방법이라 하겠습니다.==

그럼 대중 광고를 하지 않고 아이디어가 있는 이름을 이용해서 성공한 사례는 없을까요. 일본 아오모리현의 '합격사과' 사례가 있습니다. 일본 아오모리현은 혼슈 최북단에 있는 곳으로 사과 명산지로 유명합니다. 1991년 가을 아오모리현에 위기가 닥칩니다. 수확을 앞두고 큰 태풍이 몰아쳐 사과의 90퍼센트가 땅에 떨어져 그해 농사를 망치게 되었습니다. 모두가 망연자실해 있을 때 마을 이장이 이대로 주저앉을 수는 없다며 아이디어를 냈습니다. 남은 10퍼센트의 사과를 정성껏 한 알 한 알 포장을 했습니다. 그리고 이런 광고 문구를 붙였습니다. "초속 40미터의 초강력 태풍에도 떨어지지 않았던 바로 그 사과." "내 인생에 어떤 시련이 몰아친다 해도 나를 떨어지지 않게 해줄 그 사과." '시험에 절대 떨어지지 않는 합격사과'라는 브랜드로 아오모리현의 사과는 10배의 가격을 매겼음에도 완판을 이뤄내고 맙니다. 태풍의 손실을 하나도 보지 않는 기적을 이뤄낸 것이지요. 마을 이장의 아이디어가 만들어낸 기적입니다.

우리나라에도 재미있는 이야기가 있습니다. 2005년 4월 20일 어린이 대공원을 탈출한 아기 코끼리 세 마리가 서울 광진구에 있는 '미가'라는 식당에 난입했습니다. 식당은 아수라장이 되었습니다. 당시 사진을 보면 코끼리가 손님들이 앉는 좌식 자리에 올라가 있는 모습이 너무 황당해서 웃음이 납니다. 보는 사람들은 웃음이 나지만 식당 주인 입장에서는 피눈물이 날 일이었지요. 코끼리들은 식당 안에 있던 당근 등을 집어 먹었고, 탁자, 오토바이, 유리창 등을 마구 부수었습니다. 다행히 코끼리를 출연시켜 공연을 하던 회사 측으로부터 피해보상금을 받았고, 거기에 돈을 더 보태 리모델링 작업을 했습니다. 상호는 '코끼리 들어온 집.' 간판에는 상호와 함께 코끼리 세 마리도 그려 넣었습니다. 호기심을 자극하는 상호에 유명세를 더해 손님이 많이 늘어났습니다. 인기 메뉴는 '코끼리 정식.' 물론 코끼리 고기는 아니고, 평범한 백반에 이름을 재미있게 붙인 것입니다.

두 가지 사례에는 공통점이 있습니다. 먼저 역경에 굴하지 않고 아이디어를 내서 활로를 찾았다는 것입니다. 그리고 큰돈을 들여 광고를 하지는 않았지만 이름을 잘 짓고 커뮤니케이션에 신경을 썼다는 것입니다. 합격사과라는 이름, 사과에 붙인 광고 문구, 그리고 식당과 메뉴 네이밍. 이런 작은 것들이 훌륭한 커뮤니케이션이 될 수 있습니다. 최

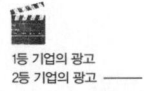

선을 다해 아이디어를 찾고 이것을 이름에 활용하고, 커뮤니케이션으로 연결한 것이 성공 비결이라고 생각합니다.

브랜드의 격을 올리다

요즘 골프 좋아하는 사람이 많습니다. 골프에 한번 빠져본 사람은 다 압니다. 얼마나 필드에 나가고 싶은지. 필드에 나갈 날을 기다리며 집에서 골프채 대신 우산을 휘둘러본 경험, 한두 번쯤 있을 겁니다. 하지만 시간과 비용이 만만치 않습니다. 그 아쉬움을 채워주는 것이 스크린골프입니다.

요즈음 창조경제의 샘플 사례로도 각광받고 있는 스크린골프 시장의 강자는 골프존입니다. 스크린골프 초창기에는 여러 업체가 난립했지만 골프존은 이제 독보적인 존재가 되었습니다. 시장점유율이 90퍼센트에 육박한다고 합니다. 총상금 10억 원을 내걸고 G-투어라는 이름으로 18회에 걸쳐 스크린골프 대회를 개최하기에 이르렀습니다. 명실상부한 스크린골프의 대명사입니다.

1등 기업의 광고
2등 기업의 광고

골프존은 그동안 탤런트 박한별과 김정태를 기용해 재미있고 경쾌한 톤의 광고를 집행해왔습니다. 스크린골프 회식과 겨울철 이용을 권유하거나 최신 버전 또는 필드 부킹 서비스 등을 알리는 광고를 했습니다. 그러다 2012년에 기업 광고를 선보였습니다.

한 달 전 골프에 입문한 영국의 마이클에게
좁은 나라 대만의 랑랑에게
골프 때문에 긴 겨울을 참지 못하는 캐나다의 앤더슨 할아버지에게
우리는 세상에 없던 골프를 선물하였습니다.
덕분에 복잡한 도시에서도 지구 반대편에서도
사막에서도 심지어 남극에서도
세계 어디서든 누구나 쉽고 즐거운 골프문화를 만나게 되었죠.
하지만 우리는 여기서 멈추지 않습니다.
세상에 없던 골프 수업을 하고
세상에 없던 IT 골프장을 만들고
세상에 없던 골프 쇼핑을 연구하며
누구나 더 다양하고 즐거운 골프를 경험할 수 있도록
새로운 토탈 골프 문화를 만들어가고 있습니다.
우리는 세상에 없던 골프를 만듭니다.
GOLFZON

"우리는 세상에 없던 골프를 만듭니다." 60초 동안 잔잔하고 묵직한 톤으로 골프존이 세상에 필요한 이유를, 그리고 골프존이 앞으로 걸어갈 길을 설득력 있게 이야기합니다. 이 광고를 보고 골프존이라는 브랜드의 격이 한 단계 높아졌다는 느낌이 들었습니다. 단순히 스크린골프를 즐기는 곳을 넘어서 새로운 차원의 골프 문화를 만들어가는 개척자로 느껴졌습니다. 사람들에게 이런 생각과 느낌을 갖게 하면 브랜드의 격은 한 단계 높아집니다.

일본 자동차 브랜드 혼다는 오토바이에서 시작하여 자동차와 제트기, 세계 최초 2족 직립 로봇 아시모까지 개발했습니다. 자동차에서는 전통의 닛산을 제치고 도요타에 이어 2위를 달리고 있습니다. 독자 기술 개발에 대한 열정이 강하고 창업자의 꿈이었던 비행기와 경주용 자동차 개발에 성공합니다. 혼다는 영국 시장에 진출하여 30년 동안 브랜드를 제대로 인식시키지 못했으나 2005년 'Impossible Dream'이라는 기업 광고를 통해 'Power of Dreams'라는 혼다가 추구하는 가치를 전달하는 데 성공했습니다. 배우가 뮤지컬 〈맨 오브 라만차〉에 나오는 'Impossible Dream'이라는 노래를 부르며 혼다의 상징인 흰 옷을 입고 오토바이, 사륜 ATV, 자동차, F1 자동차, 고속보트, 열기구 등 혼다가 개발한 모든 제품을 선보입니다. 2006년 칸 광고제에서 금상을 수상했고, 2010년에 그동안 개발한 제트기, 아시모, 태양전지 등의 제품을 추가해 새롭게 광고를 만들었습니다. 노래 가사를 한번 보겠습니다.

1등 기업의 광고
2등 기업의 광고

이룰 수 없는 꿈을 꾸며

이길 수 없는 적과 싸우며

견디기 힘든 슬픔을 견디며

용기가 감히 닿을 수 없는 곳으로 달려가노라.

바로잡을 수 없는 악을 바로잡고

멀리로부터 순결한 사랑을

당신의 팔이 지쳐 있을지라도 포기하지 않으리.

닿을 수 없는 별에 닿기 위하여

이것이 나의 사명, 저 별을 따르리.

아무리 희망이 없더라도

아무리 멀리 있다 해도

정의를 위해 싸우고

의문과 주저 없이 하늘의 뜻이라면 지옥이라도 기꺼이 나아가리.

그리고 이 영광스러운 사명이 나의 유일한 진실임을 아네.

닿을 수 없는 별에 닿기 위하여

한 편의 시 같은 기업 광고를 보면서 많은 사람들은 혼다라는 브랜드가 이전에 알던 브랜드보다 격이 높은 브랜드라는 생각을 자연스럽게 하게 됩니다. 물론 제품의 팩트(fact)가 제대로 뒷받침해주어야 하겠지요.

제품이 인정받고, 브랜드도 어느 정도 알려졌다면, 한 단계 상승을

모색해야 합니다. 그렇게 하는 데 기업 광고는 좋은 방법입니다. 얼마 전 읽은 자료의 내용에 공감이 갑니다. ==사람들은 제품이라는 결과물을 사는 것이 아니라 그 제품에 담겨 있는, 제품을 만든 사람들의 신념을 삽니다.==

광고는 용기다

제가 어렸을 때는 엄마들이 가장 갖고 싶은 물건 중 하나가 일본산 코끼리 밥솥이었습니다. 지금은 밥솥 하면 가장 먼저 떠오르는 브랜드는 쿠쿠일 겁니다. 성광전자가 쿠쿠라는 브랜드를 론칭하며 광고를 시작한 것이 1998년 11월이니 불과 16년 전 일입니다. 성광전자는 그 이전에는 대기업에 OEM(주문자 상표 부착) 방식으로 납품하던 중소기업이었습니다. 그랬던 쿠쿠가 자신들이 납품하던 대기업을 모두 물리치고 업계 1위가 된 것은 정말 놀라운 사건이라 하겠습니다. 론칭 광고 카피를 한번 보겠습니다.

주부 여러분! 이름만 알려졌다고 해서 웃돈을 주진 않았습니까?
20년간 1000만 대의 좋은 가전제품을 만들어온 성광전자

1등 기업의 광고
2등 기업의 광고

쿠쿠는 웃돈을 없애고 가치를 높였습니다.
가치 있는 제품, 가치 있는 가격
쿠쿠

카피 한 줄 한 줄에 절박함이 담겨 있는 듯합니다. '이름이 알려졌다는 이유로 웃돈을 주지 않았느냐. 우리는 이름이 안 알려졌을 뿐 좋은 제품을 만들어왔다. 우리를 알아달라.' 무명의 중소기업이 소비자에게 드리는 호소문 같은 느낌이 듭니다. 이해가 됩니다. 중소기업이 대기업 납품을 끊고 독자 브랜드로 시장에 출사표를 던지는데 어찌 절박하지 않겠습니까. 때마침 IMF 위기 상황에서 모두가 지갑을 닫는 시기에 과감하게 브랜드 론칭을 하고 TV 광고를 하는 용기 뒤에는 얼마나 큰 불안감이 도사리고 있었을까요.

현재 쿠쿠 대표인 당시 마케팅 본부장은 '광고는 생산성을 높이기 위한 20억 원짜리 기계'라는 생각을 했다고 합니다. 무모하다는 비판을 무릅쓰고 광고비 20억 원을 투자한 것입니다. 광고가 나가자 반응이 있었습니다. 우선 IMF 시기라서 전체적으로 광고가 줄어 20억 원의 광고비를 훨씬 상회하는 주목을 받았습니다. 또한 거품을 빼고 가치를 높였다는 주장이 시대 분위기와 맞아떨어졌습니다. 물론 기술력은 당연히 든든한 밑받침이 되어주었습니다. 그 결과 불과 1년 3개월 만에 시장점유율 1위에 오르는 놀라운 성과를 일구게 됩니다. 성광전자는 이후 쿠쿠 브랜드를 그대로 회사 이름으로 활용해서 '쿠쿠홈시

스로 바꾸기에 이르렀습니다.

　이후에도 쿠쿠는 광고의 고삐를 늦추지 않았습니다. 2002년부터는 '쿠쿠하세요, 쿠쿠'라는 슬로건을 징글 사운드에 담아 지금까지도 사용하고 있습니다. 광고의 카피와 모델은 바뀌어도 10년 넘게 같은 슬로건을 계속 사용해서 결국 사람들의 머릿속에 집어넣는 것은 매우 현명한 방법이라 하겠습니다. 그 결과 쿠쿠는 압도적인 시장점유율을 유지하며 확고한 1위 자리를 굳히고 있습니다.

　이렇게 쿠쿠라는 브랜드를 튼튼하게 해놓고 나서 '생활가전 전문기업'이라는 이미지를 살려 2010년에는 쿠쿠 정수기를 출시했습니다. 당시 밥솥 모델 원빈을 정수기 모델로도 기용하면서 '정수기도 쿠쿠'라는 메시지를 전달했습니다. 뒤의 우공비 사례에서도 살펴보겠지만 브랜드를 확장하는 것은 기본적으로 체력이 확보되지 않고서는 어려운 일입니다. 쿠쿠 밥솥의 힘을 지렛대로 삼아 쿠쿠 정수기가 어떻게 성장해 갈지 앞으로의 행보가 궁금합니다.

　이 모든 일의 시작은 용기입니다. 대기업 OEM 방식에서 벗어나서 자체 브랜드로 서보겠다는 용기, 모두가 움츠러들던 IMF 시절에 과감하게 광고비를 20억 원이나 투자한 용기, 다른 건 몰라도 슬로건 하나만큼은 일관되게 10년을 써보자는 용기, 이런 용기들이 모여서 오늘날의 쿠쿠를 만든 것이 아닌가 생각합니다.

　또 다른 사례로 "남자한테 정말 좋은데, 어떻게 표현할 방법이 없네"라는 카피와, 모델로 직접 출연한 회장님으로 유명한 천호식품도 단순히 광고만의 영향은 아니겠지만, 본격적으로 광고에 투자한 2010년에 매출액이 530억 원으로, 2009년의 61억 원에서 한 단계 뛰어올랐습니다.

만약 16년 전 성광전자가 TV 광고를 집행하는 용기를 내지 못했다면, 단순히 제품력만 믿고 소비자에게 인정받는 날이 오기를 막연히 기다렸다면 지금의 위치에 오르기 힘들었을 것입니다. no communication, no marketing, 즉 커뮤니케이션을 하지 않으면 마케팅을 아예 안 하는 것과 같다는 말이 있습니다. ==갈수록 제품은 평준화되고 경쟁은 치열해지고 다양한 정보가 홍수를 이루는 시대에 커뮤니케이션을 현명하게 다루지 못한다면, 그리고 기본적으로 소비자와의 소통에 힘쓰지 않는다면 마케팅을 제대로 한다고 할 수 없지요.==

시대가 많이 바뀌어서 요즈음 TV 광고의 영향력이 많이 줄었다고 하지만 그래도 아직까지 대중 침투력이 가장 강력한 미디어는 TV입니다. 따라서 TV 광고는 커뮤니케이션을 위한 의미 있는 수단으로서 여전히 강력한 힘을 가지고 있습니다.

혹시 아직까지 TV 광고에 욕심을 내보지 못한 브랜드가 있다면, 그럼에도 쿠쿠와 같은 성공 스토리를 써보고 싶은 브랜드가 있다면 한번 용기를 내보십시오. 물론 광고를 한다고 모두 성공한다고 장담하기는 어렵습니다. 하지만 광고는 충분조건은 되지 못해도 적어도 필요조건은 된다고 생각합니다. 더구나 요즈음 같은 '노 커뮤니케이션, 노 마케팅' 시대에서는 더욱 그렇습니다.

펩시콜라와 코카콜라가 싸우는 법

　　　　　　　　　　　광고 일을 하면서 곤란한 경우 중 하나가 열위 브랜드를 담당했을 때입니다. 소비자 인식도 별로 안 좋고, 특별히 내세울 기능이나 혜택도 없는 제품이나 서비스라면 마땅한 방법을 찾기가 어렵습니다. 하지만 그런 상황에서도 방법을 찾아내야 하는 것이 광고인이 하는 일이니 포기할 수만은 없지요.
　모든 측면에서 다 우수한 브랜드는 거의 없습니다. 어딘가 공격 포인트가 있게 마련입니다. 대표적인 러브마크 브랜드인 애플조차도 음악 서비스의 배타성과 다소 거만하게 느껴졌던 일부 행동이 상대방의 공격 포인트가 되기도 했지요.
　지금까지 존재하는 브랜드 중에서 가장 강한 적수에게 도전해 가장 오래 싸워온 브랜드는 펩시일 겁니다. 코카콜라와의 긴 싸움에서 어려움을 겪어온 펩시가 펼친 캠페인 중에서 주목받은 캠페인으로 '펩시 챌린지 캠페인'과 '신세대의 선택(Choice of a New Generation) 캠페인'을 들 수 있습니다. 코카콜라를 선호하는 기존 인식을 깨고 맛으로 콜라를 선택하자는 주장을 이벤트와 광고를 결합하여 펼쳤던 '펩시 챌린지 캠페인'은 전설적인 캠페인으로 회자됩니다. 여기서는 '신세대의 선택 캠페인'에 주목해보고자 합니다.

펩시는 1930년대에 등장해 '같은 가격에 양이 2배' 전략, '큰 용량 제품으로 가정 소비 공략' 전략 등으로 계속 추격전을 펼칩니다. 성장세에 있던 펩시는 코카콜라가 가진 강점을 분석해보았습니다. 역사와 전통, 1등의 권위 등이 코카콜라의 강점이지요. ==쉽게 넘볼 수 없는 벽 같은 존재. 하지만 동전에는 양면이 있어서 이걸 뒤집어보면 '진보적이지 못하고, 감각이 떨어지며, 세대에도 뒤처진' 이미지로 둔갑하게 됩니다. 물론 이런 이미지를 덮어씌우기 위해서는 의도적인 커뮤니케이션이 필요합니다.==

그래서 준비한 캠페인이 '신세대의 선택 캠페인'입니다. 마이클 잭슨, 라이오넬 리치 등 당대의 떠오르는 스타들을 광고 모델로 기용해 주목을 끌었습니다. 다른 한편으로는 코카콜라와 비교하는 유머 광고를 별도로 전개했습니다. 예를 들어 1985년 광고에서는 20세기 유적지를 방문한 미래 시대의 교수와 대학생들이 나옵니다. 그중 한 학생이 먼지에 쌓여 굳어버린 물건을 발견합니다. 먼지를 털어내자 나온 것은 코카콜라 병. 학생이 이게 뭐냐고 묻자 교수는 모르겠다고 대답합니다. 사실 코카콜라 입장에서는 펄쩍 뛸 일이지요. 하지만 극도의 과장이라 오히려 유머로 받아들일 수 있었습니다.

어느 시대이든 신세대는 존재하게 마련이고 그들은 새롭게 부상하는 소비 주역이 될 수밖에 없습니다. 그리고 신세대의 이미지는 대개 진보적이지요. 그런 이미지로 경쟁사의 이미지 노후화를 꾀한 캠페인이 바로 '신세대의 선택 캠페인'입니다. 이 캠페인을 통해 펩시는 코카콜라와의 시장점유율 차이를 1.15:1로 바짝 추격했다고 합니다.

그런데 만약 코카콜라가 이런 캠페인에 발끈해서 '우리도 신세대가 좋아합니다'라는 캠페인을 전개했으면 어떻게 됐을까요. 보기 좋게 경쟁사의 의도에 말려드는 것이겠지요. 세대 논쟁이 벌어질수록 유리한 쪽은 펩시입니다. 게임을 자신들이 주도하는 방향으로 끌고 갈 수 있으니까요. 영민한 코카콜라는 그렇게 하지 않았습니다. 코카콜라는 콜라 자체를 대변하는 브랜드이며 코카콜라의 제조법 자체가 비밀이라는 점에 착안해서 '이게 진짜(The Real Thing)'라는 캠페인을 전개했습니다. 자신들이 원조라는 점을 활용한 반격 작전입니다.

전쟁에서 금기 사항 중 하나는 장수가 흥분해서 평정심을 잃는 것입니다. 항상 냉정하고 차분하게 자신에게 유리한 환경이 무엇인지를 찾고, 그에 맞춘 전략이 무엇인지를 고민하고, 한번 결정했으면 성과를 거둘 수 있도록 뚝심 있게 밀고 나가는 것. 이런 원칙은 광고와 마케팅에도 당연히 적용되어야 합니다.

1등 기업의 광고
2등 기업의 광고 ———

그래서 전략이 필요하다

지금은 월급쟁이의 상식이 되었지만 CMA가 도입된 것은 불과 10년 전입니다. CMA는 'Cash Management Account'의 약칭으로 '종합자산관리계좌'를 말합니다. 이 시장의 강자는 누구일까요. 잘 아시다시피 동양종합금융증권(동양종금증권)입니다. 동양종금증권이 CMA 시장의 강자가 된 이야기를 해보겠습니다.

동양종금증권은 동양증권과 동양현대종금의 합병사로 2001년에 출범했습니다. 부실 덩어리였던 종금사업 때문에 계속 적자를 내다가 2003년에 대부분의 부실을 털어냈습니다. 그리고 2004년 CMA 상품을 출시했습니다. 수시 입출금이 가능하면서도 상대적으로 높은 이자를 주기 때문에 월급통장 보유자를 공략하기에 좋은 상품이었습니다. 더구나 종금형 CMA는 예금자 보호 대상이라는 강점이 있었습니다.

당시 동양종금증권은 그리 존재감이 크지 않았습니다. 동양종금증권은 CMA를 주력 상품으로 설정하고, 당시에는 생소한 개념의 CMA 상품을 알려나가기 시작했습니다. 먼저 인쇄 광고를 꾸준하게 집행했습니다. 특장점이 뚜렷한 상품이지만, 은행에 대한 사람들의 뿌리 깊은 신뢰감과 은행 이탈에 대한 두려움을 감안해보면 월급통장을 바꾸도록 유도한다는 것은 쉬운 일이 아닙니다. 따라서 꾸준한 교육이 필요한데, 인쇄 광고는 이를 위한 좋은 방법이었다는 생각이 듭니다.

이렇게 약 3년 동안 투자한 결과 CMA의 장점이 서서히 알려졌습니다. 그런 다음 동양종금증권은 2007년 TV 광고를 내보냅니다. '월급 관리의 시작'이라는 콘셉트로 5000만 원 예금자 보호, 가입계좌 수 1위, ATM기 출금 수수료 무료 등의 혜택을 차분하게 전달했습니다. 이후에도 인쇄 광고와 TV 광고를 계속했습니다. 동양종금증권이 이렇게 먼저 치고 나가니, 다른 증권사도 CMA 상품을 출시하고 너도나도 광고를 했습니다. 그러면서 시장은 급속히 성장했습니다.

이렇게 남들보다 한 발 앞서, 꾸준하게 커뮤니케이션을 실시한 결과는 어떻게 되었을까요. 2011년 9월 15일 현재 증권사들의 CMA 잔고는 40조 7000억 원, 계좌 수는 1142만 개입니다. 그중 동양종금증권은 8조 5000억 원, 390만 계좌입니다. 점유율이 각각 21퍼센트, 34퍼센트에 달하는 놀라운 기록입니다. 2004년 CMA 출시 이전에 증권업계에서의 동양종금증권의 위상을 떠올려보면 더욱 놀라운 일입니다. 더구나 2009년 증권사에 지급결제 서비스가 허용되면서 주거래 통장

1등 기업의 광고
2등 기업의 광고

으로 확실하게 자리 잡을 수 있게 되었습니다.

단순히 숫자만 중요한 것이 아니라 고객 기반이 튼튼하게 갖춰졌다는 사실 또한 중요합니다. 고객 기반이 확보되다 보니 고객 예탁자산, 금융상품 고객 수, 위탁매매 시장 점유율 등 모든 면에서 큰 폭으로 성장했다고 합니다. 그리고 20대, 30대 젊은 층 고객을 많이 확보했기 때문에 이들이 성장해나갈수록 동양종금증권의 미래 성장 가능성도 높아지리라 예상할 수 있었습니다. 브랜드 가치도 높아졌습니다. 예금자 보호가 되는 종금업 인가가 종료된 후에는 한국증권금융의 예탁금 제도를 이용해 예금자 보호 혜택을 그대로 제공하는 1:1 맞춤형 자산관리 브랜드 '마이 W'를 출시하고, 골드만삭스자산운용과 전략적 제휴를 하는 등 발 빠른 행보를 보였습니다.

정리해보겠습니다. 동양종금증권은 업계에서 존재감이 크지 않은 상황에서 이것저것 일을 벌이지 않고 하나의 주력 상품을 선정해 집중했습니다. 남들보다 선제적으로 출시하고 꾸준하게 커뮤니케이션을 실시했습니다. 그 결과 그 분야에서 확고한 1등이 되었을 뿐 아니라, 다른 부문에서도 성과를 올리게 되었습니다.

==일반적으로 1등이 아닌 다른 브랜드는 분산하지 말고 집중해야 합니다. 그러면서 새로운 시장을 찾아야 합니다. 기존 제품에서 분화된 시장을 만들거나 아니면 새로운 제품을 가지고 시장을 찾아야 합니다.==
새로운 시장을 찾을 때에는 몇 가지 기준이 있습니다. 먼저 성장 가능성이 있어야 합니다. 그리고 일정한 규모가 되어야 합니다. 만일 일정한 규모가 되지 않으면 투자비를 회수하기가 어렵겠지요. 또한 상당 기간 존속할 수 있는 시장이어야 합니다. 만일 짧게 반짝하고 말 시장이나 제품이라면 장기적, 안정적으로 투자하기는 어렵습니다. 이러한 기준에서 볼 때 CMA는 아주 적합한 사례입니다. 우선 외국에서 활성화된 상품인 데다가 은행 금리가 너무 낮아 성장 가능성이 높았습니다. 그리고 월급통장 고객을 우선적으로 공략해서 시장 규모를 갖출 수 있었고, 예금자 보호라는 안전성까지 제공했기에 반짝하고 지나갈 상품은 아니었지요.

그런 의미에서 볼 때 미래에셋생명이 '은퇴설계의 명가'라는 콘셉트로, 은퇴설계 시장에 주력하는 것도 의미 있는 전략으로 보입니다. 후발주자인 미래에셋생명이 삼성생명, 한화생명, 교보생명 등 생명보험업계의 Big3와 동일한 전략으로 모든 상품 영역을 총망라하고 커뮤니케이션에 투자하는 것은 가능하지도 않고, 바람직하지도 않습니다. 은퇴설계 시장은 앞의 조건에 부합합니다. 베이비붐 세대의 은퇴가 도래한 상황에서 성장 가능성과 규모, 장기간 존속 가능성이 들어맞는 것이지요. 그래서 미래에셋생명은 은퇴설계 TV 광고를 하고, 은퇴연구소까지 설립했나 봅니다. 이런 일련의 움직임에서는 기존의 위치에 만족하지 않고 시장을 흔들어보겠다는 의지와 전략이 느껴집니다.

현재 시장에서 놓인 위치가 불안하고, 존재감이 부족한 상황이라면 동양종금증권처럼 행동해야 합니다. 시장의 흐름을 면밀히 판단하고 새로운 시장을 만들 수 있는 주력 상품을 만들어야 합니다. 그리고 남

1등 기업의 광고
2등 기업의 광고 ———

들보다 먼저 출시해야 합니다. 그런 다음 뚝심을 가지고 꾸준하게 마케팅을 해야 합니다. 그렇지 않고 1등이 짜놓은 판 위에서, 그저 열심히 아등바등 남 쫓아가기에 급급하다면 몸만 바쁘고 성과는 기대에 미치지 못할 겁니다. 그래서 우리에게 필요한 것은 전략입니다.

덧붙이는 글 이 글을 쓴 뒤에 동양그룹 사태가 발생했습니다. 그룹의 유동성 위기를 극복하는 데 좋지 않은 도구로 활용되었던 동양증권(구 동양종금증권)도 위기에 빠졌습니다. 결국 대만의 유안타증권에 인수되는 신세가 되고 말았습니다. 마케팅 전략으로 일어섰던 회사가 오너의 판단 착오로 무너지는 모습을 보니 참 허무하다는 생각이 듭니다.

집중의 힘

워낙 광고 동네가 빠르게 움직이는 곳이라서 한참 지난 일 같지만, 2007년 어느 날 색다른 광고가 눈에 띄었습니다. "우물쭈물 살다가 이렇게 끝날 줄 알았지"라는 버나드 쇼의 묘비명을 테마로 삼아 지겨움도, 심심함도, 하품도, 답답함도 죽었고, 이제 세상에 없던, 세상이 기다리던 쇼가 시작된다고 선언하고 있었습니다. 다른 한 편의 광고에서는 파격적으로 정자가 등장합니다. 정자가 힘차게 유영을 해서 수정되는 모습을 보여주면서 역시 세상에 없던, 세상이 기다리던 쇼가 시작된다고 선언합니다. KTF의 3G 브랜드 'Show'입니다.

이어서 엄청난 물량의 광고들이 쏟아집니다. 여기서 개별적인 광고물에 대해 일일이 얘기하거나 평가할 마음은 없습니다. 그보다는 광고

1등 기업의 광고
2등 기업의 광고 ────

이면에 숨은 큰 전략에 대해 이야기해보려고 합니다. 당시 KTF는 이동통신 시장에서 만년 2위였습니다. 그것도 1등과 상당히 격차가 벌어진 2등이었습니다. 사실 따지고 보면 KTF는 억울한 마음이 들 수밖에 없는 입장입니다. KT의 전신인 한국통신이 만든 이동통신 자회사인 한국이동통신이 우여곡절 끝에 SK에 인수되어 현재의 SK텔레콤이 되었습니다. 자신이 만든 1등 자회사를 다른 회사에 넘기고, 새로 만든 자회사는 그 회사에 밀려 만년 2위로 눌려 있는 입장이니 당연히 속이 상할 수밖에 없지요. 어떻게든 SK텔레콤을 이겨보고 싶지만, 사람들의 인식은 그리 쉽게 바뀌는 것이 아니므로 아무리 노력을 해도 쉽지 않았지요.

이때 계기가 생깁니다. 이동통신이 3세대 기술로 넘어가는 상황이 된 것이죠. 데이터 전송 속도가 빨라지기 때문에 영상통화와 글로벌 로밍이 쉽게 실현되는 시대가 다가온 겁니다. 이때 KTF는 3G에 올인하기로 마음먹었습니다. 어차피 2G에서는 사람들의 인식을 바꾸기가 쉽지 않으니 새롭게 시작하는 3G에서 주도권을 잡아보겠다는 생각이었죠. 그래서 3G 브랜드를 'Show'로 정하고, 서비스도 한 발 먼저 시작하고, 대대적인 광고를 쏟아부어 기선을 제압하려고 했습니다. 모든 자원을 3G에 집중했습니다. 휴대폰도 3G 휴대폰 위주로 공급하고, 대리점 간판도 'Show'로 바꾸어 사람들이 쉽게 'Show'를 접하도록 만들었습니다. 심지어 'Show'로 사명 변경을 검토한다는 소문까지 돌 정도였으니 정말 제대로 올인한 것이죠.

반면 SK텔레콤은 약간 어정쩡한 태도를 취했습니다. 전국 서비스도 조금 늦게 시작했고, 별도 브랜드라 말하기는 애매한 '3G+' 광고를 하긴 했지만, 'Show'만큼 집중적인 광고를 하지는 못했습니다. 왜 그랬을까요. SK텔레콤은 2G 시장의 절대강자입니다. 가입자도 압도적으로 많고, 소비자 선호도도 비교가 안 될 정도로 강했습니다. SK텔레콤 입장에서는 3G에 올인하겠다는 결정을 내리기에는 2G 시장에 미련이 많을 수밖에 없습니다. 그러다 보니 전국 서비스도 조금 늦어지고, 광고도 덜 적극적이게 되고, 휴대폰도 2G와 3G를 안배하여 공급할 수밖에 없었던 것으로 보입니다.

양사의 전략적 입장이 이렇게 다른 가운데, 결과는 어땠을까요. 3G 가입자 수에서 KTF가 SK텔레콤을 앞서나갔습니다. 사실 그때만 해도 이동통신 시장에서 KTF가 SK텔레콤을 앞서간다는 것은 상상하기 어려운 일이었습니다. 3G 시장을 주도하는 KTF의 가입자 수를 SK텔레콤이 추월하게 된 것은 2009년 1월이었습니다. 거의 2년 가까이 KTF가 시장을 주도한 것이죠. SK텔레콤의 기존 고객 기반이 워낙 탄탄했기 때문에 힘들게 역전했다는 평가를 내리는 시각도 있었습니다. 아무튼 KTF는 처음으로 2년 정도 시장을 주도하는 입장이 되었고, 과거보다 KTF를 높게 평가하는 사람이 많아졌습니다.

"보수는 부패해서 망하고, 진보는 분열해서 망한다"는 이야기가 있습니다. 그럴 법한 이야기입니다. 보수는 기존의 질서를 지키고자 하는 입장이니, 고인 물은 썩기 쉬운 것처럼 부패로 흘러갈 가능성이 있

1등 기업의 광고
2등 기업의 광고

습니다. 진보는 세상을 변화시키고자 하는 입장이다 보니 새로운 그림의 구도가 조금씩 다를 수밖에 없고, 자신의 주장을 좀 더 선명하게 하다 보면 입장 차이가 더 부각될 수밖에 없으니 분열의 가능성이 생깁니다.

이것을 마케팅에 대입해보면 이렇습니다. '1등은 기득권 때문에 망하고, 2등은 분산해서 망한다.' 1등은 1등의 자리가 달콤할 수밖에 없습니다. 가진 것이 많기 때문이지요. 따라서 안전하게 가는 것을 선호할 가능성이 높습니다. 그러다 보면 움츠러듭니다. 모험을 싫어합니다. 그러나 시장은 생물이니 항상 움직일 수밖에 없습니다. 기득권에 안주해서 안전을 지향하게 되면 틈이 생길 수밖에 없습니다. 그 틈을 과감하게 파고드는 경쟁자가 나오게 마련입니다. 그래서 1등은 기득권 때문에 망합니다. 앞서 살펴봤듯이 SK텔레콤이 3G 시장에서 2년 동안 고생한 것도 이 때문입니다. 기존 2G 시장에서 가진 것이 너무 많기 때문에 위험한 모험을 하기가 거북했겠지요.

그럼 2등은 분산해서 망한다는 말은 무엇일까요. 많은 경우 시장은 세분화되어갑니다. 타깃으로 세분화되든, 기능으로 세분화되든, 가격으로 세분화되든 말입니다. 2등은 1등보다 당연히 마케팅 자원이 부족합니다. 그런데 이 제품도, 저 제품도 다 의미가 있어 쉽게 버릴 수 없습니다. 그러다 보니 힘을 모아서 한곳에 쓰지 못하고 여기 조금, 저기 찔끔 힘을 분산합니다. 그러면 1등을 이길 방법이 없습니다. 하나를 포기해야 합니다. 집중해야 합니다. 힘을 모아서 한곳에 써야 합니다. 그래야 1등을 이길 활로가 열립니다. KTF는 2G를 포기했습니다. 3G의 가능성을 보고 거기에 집중했습니다. 모든 자원을 투입해서 소비자 인식을 바꾸는 단초를 마련했습니다.

이와 비슷한 스토리가 LTE 시장에서도 재연되고 있으니, 역사와 세상 이치는 참 재미있는 것 같습니다.

예전에 어느 선배에게 전략에 대한 정의를 듣고, 그걸 제 마음속에서도 전략에 대한 정의로 사용하기 시작했습니다. '목표를 이루기 위한 자원의 선택적 배분'이 전략입니다. 기본적으로 자원은 한정되어 있습니다. 설령 무한에 가까운 자원을 가진 기업이 있더라도 시간이라는 자원은 유한하기 때문에 결국 자원은 유한할 수밖에 없습니다. 더구나 경쟁사라는 존재가 있습니다. 따라서 한정된 자원을 어디에 집중할지를 선택하는 것이 전략의 기본입니다. 그래서 전략의 요체는 선택입니다. 포기도 선택입니다. KTF의 사례는 전략의 요체가 무엇인지를 잘 보여줍니다.

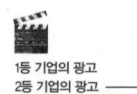

1등 기업의 광고
2등 기업의 광고 ———

사이다가 콜라를 만났을 때

포지셔닝은 간단히 말하면 소비자의 인식 속에서 브랜드의 위치를 잡는 것입니다. 마케팅 강의에서 빠지지 않고 나오는 이론이 STP이지요. 시장 세분화(Segmentation), 표적 소비자 결정(Targeting), 그다음이 포지셔닝(Positioning)입니다. ==기업이 진입하고 싶은 큰 시장을 잘 분석해서 세분시장으로 나누고, 표적 시장과 표적 소비자를 결정한 다음에 소비자의 인식 속에 브랜드의 위치를 잡아보는 것이지요. 물론 포지셔닝을 결정하면 소비자의 머릿속에 심플한 메시지를 하나 심어야 합니다. 다른 부수적인 메시지는 과감히 포기해야 합니다. 그리고 한번 잡으면 불독처럼 물고늘어져야 합니다.== 그래야 복잡하고 바쁜 세상, 생각할 게 많은 소비자의 머릿속에 자리 잡을 가능성이라도 생기는 것이지요. 이치가 분명 이런데도 이 말 했다가 저 말 했다가, 계속 메시지를 바꾸며 방황하는 브랜드를 보면 안타까운 마음이 들 수밖에요.

그런데 포지셔닝은 단어 자체에 그런 의미가 담겨 있듯이 태생적으로 상대적일 수밖에 없습니다. 나의 위치는 상대방의 위치에 따라 달라지게 마련이니까요. 따라서 경쟁 브랜드의 핵심적인 콘셉트를 면밀하게 검토하여, 거기서 빈 곳 또는 이길 수 있는 곳을 찾아야 합니다.

유명한 세븐업 사례를 들어볼까요. 세븐업은 위키백과에 따르면 '레몬 라임 향이 들어 있고 카페인이 없는 음료수'입니다. 우리식으로 쉽게 말하자면 사이다에 가까운 음료입니다. 세븐업은 콜라가 강력하게 지배하는 음료 시장에서 현명한 포지셔닝 방법을 찾았습니다. 그게 바로 유명한 'un-cola' 콘셉트입니다. 사람들이 갖고 있는 콜라에 대한 인식을 지렛대 삼아서 '콜라가 아닌(un-cola) 다른 음료수를 찾는다면 세븐업을 생각하라'는 메시지를 던진 것입니다. 정말 똑똑한 전략이지요. 세상 사람들이 모두 콜라만 좋아할 리는 없습니다. 콜라를 좋아하는 사람이라 해서 늘 콜라만 마실 리도 없지요. 그럴 때 생각나는 가장 강력한 대안으로 세븐업을 포지셔닝한 것입니다. 이 메시지를 통해 세븐업은 발매 첫해에 15퍼센트의 시장점유율을 확보했으며, 코카콜라와 펩시콜라 다음의 시장점유율을 차지하는 브랜드가 되었습니다. 물론 이러한 주장에는 브랜드가 기본적으로 뒷받침할 수 있는 내용이 있어야 합니다. 세븐업의 강점은 카페인이 없다는 것이었지요.

세븐업과 같은 방식은 아니지만, 칠성사이다도 유사한 광고를 집행

1등 기업의 광고
2등 기업의 광고 ———

한 바 있습니다.

누가 봐도 콜라로 보이는 음료와 칠성사이다를 나란히 잔에 따릅니다. 어떤 음료를 마실 것인지 선택해보라고 합니다. 그리고 칠성사이다에는 카페인이 없고 색소도 없다고 말합니다. 마무리는 '맑고 깨끗한 맛, 칠성사이다'입니다.

1999년에 나온 오래된 광고이지만 칠성사이다가 아직까지 지켜가는 '맑고 깨끗한 맛'이라는 콘셉트 때문인지 올드하게 느껴지지는 않습니다. 세븐업만큼 직설적이진 않지만 콜라의 대항마로 포지셔닝하려는 의도를 누구나 느낄 수 있습니다.

재미있는 사실은 이 광고를 지렛대로 삼은 광고가 나왔다는 것입니다. 나랑드사이다 광고입니다. 콜라와 사이다가 비교되는 것은 칠성사이다 광고와 마찬가지입니다. 다른 점은 아예 직접적으로 콜라와 사이다 표기를 했다는 것이죠. 그러다가 카메라가 옆으로 이동하면서 '맑고 깨끗한 이미지만 드시겠습니까? 나랑드사이다는 칼로리, 설탕, 색소, 보존료가 아예 없습니다'라는 메시지를 던집니다. 콜라를 지렛대로 삼은 칠성사이다, 그 칠성사이다를 또 한 번 지렛대로 삼은 나랑드사이다. 동아제약 자회사인 동아오츠카에서 나온 제품이어서 아무래도 음료 유통 파워에서는 롯데에 뒤지는 입장일 겁니다. 그래서 후발주자로서, 브랜드 파워와 유통망 등의 열세를 딛고 경쟁하기 위해 공격적인 방법을 택한 것은 잘한 선택으로 보입니다. 그런데 그 이후 비교하는 방법을 버리고 그 대신 제로 칼로리를 계속 강조하는 광고를 만들었습니다. 어떤 사정이 있었는지 모르지만, 후발주자로서 좀 더 강력하게 싸움을 거는 방법을 쓰면 어땠을까 하는 아쉬움이 있습니다. 여러분 생각은 어떤지요?

1등 기업의 광고
2등 기업의 광고 ———

판단의 기준

　　　　　　　　　　　　2002년에 집행되어 꽤 주목받았던 광고가 있습니다. 정준호, 장진영이 모델로 나온 현대카드 광고로, "열심히 일한 당신, 떠나라!"는 카피로 기억되는 광고입니다. 사회적으로 많은 관심을 받은 이유를 저는 이렇게 해석합니다. 1997년 말에 불어닥친 외환위기의 공포로 사람들은 치열한 경쟁 사회가 무엇인지를 실감하게 되었습니다. 1998년 이후 사람들의 머릿속을 지배하는 단어는 경쟁력, 행동 원리는 공포심이라고 추측해봅니다. 하지만 사람은 기계가 아니라서 '닦고, 조이고, 기름치자'라는 구호만으로 살 수 없습니다. 아마 3년 이상의 피로감도 쌓였을 테고요. 그때 이 광고가 주목을 끌었습니다. 사람들의 관심을 끌었다는 사실만으로도 광고는 큰 역할을 했다고 하겠습니다. 하지만 그 이상을 광고 목표로 삼는다면 평가는 달라질 수 있다고 생각합니다.

"열심히 일한 당신, 떠나라!" 마음의 울림이 있는 참 좋은 카피입니다. 하지만 화자가 현대카드라면 의문부호가 찍힙니다. 당시 현대카드는 카드업계에서 존재감이 분명치 않은 후발주자였습니다. 이 메시지는 카드업 전반의 메시지이지, 현대카드만의 메시지로 보기는 어려웠습니다. 만약 현대카드가 카드업계를 주도하는 위치였다면 적절한 메시지일 수 있지만, 존재감을 드러내고 치열하게 실질적인 성과를 만들어내야 하는 입장에서는 조금 한가하게 느껴질 수 있습니다.

2003년 현대카드는 다른 승부를 벌입니다. 당시 현대캐피탈을 포함해 9000억 원대의 적자에 허덕이는, 시장점유율 4.1퍼센트에 불과한 현대카드를 맡은 정태영 사장은 나중에 이런 말을 했다고 합니다. "어차피 수천억 원의 적자를 보는 회사였다. 소소한 경비 절감은 재무적으로도 큰 도움이 되지 않았다. 주변의 우려도 많았지만 살 길은 '투자'뿐이라고 생각했고, 결과적으로 옳았다." 이런 이야기도 했습니다. "과감하지 않을 수 없었다. 후발주자에게 혁신은 필수지 선택이 아니다." 현대카드는 광고에도 과감하게 공격적인 투자를 했습니다.

단순히 돈을 많이 쓸 뿐만 아니라 현대카드M이란 주력 상품을 정해 화력을 집중했습니다. 이용 금액의 최대 2퍼센트까지 적립해서 현대, 기아 차 구입 시 최대 200만 원까지 혜택을 준다는 분명한 메시지를 전했습니다. 물론 현대, 기아 차라는 배경이 없으면 불가능한 것 아니냐는 평가도 있지만 그런 배경은 애초부터 있었던 것이고, 그것을 마케팅에 현명하게 활용한 것은 또 다른 차원의 능력으로 평가할 수 있습니다. 어쨌든 시장은 움직이기 시작했고 현대카드는 투자비를 훨씬 넘는 성과를 내기 시작했습니다. 2년 만인 2005년에는 4500억 원의 흑자를 내는 기업으로 탈바꿈했습니다.

'열심히 일한 당신, 떠나라!' 광고와 '현대카드M' 광고. 모두 좋은 광고입니다. 그러나 ==광고의 판단 기준은 브랜드의 위치와 광고 목표에 적절했는가가 되어야 한다고 봅니다. 후발주자라면 더 공격적인 광고, 광고 목표에 충실한 광고가 더 적합합니다.==

광고 속 숨은 1인치, 브랜드 전략

　　　　　　　　　　　현대카드 광고 캠페인 사례는 너무
나 많이 다뤄져서 현대카드라고 하면 '또?'라는 반응이 나올 것 같습
니다. 하지만 여기서 얘기해보고 싶은 것은 광고가 아니라 브랜드 전
략입니다. 잘 알려져 있듯이, 현대카드는 현대차그룹에서 2001년 다
이너스클럽카드를 인수해서 만든 회사였지만 실적이 신통치 않았습니
다. 그룹 위상에 걸맞지 않게 신용카드 시장에서 존재감이 별로 없는
회사였습니다. 그러다 2003년 정태영 사장 취임 이후 공격적인 마케팅
을 전개하면서 달라지기 시작했습니다.
　이때 현대카드가 선택한 브랜드 전략은 마스터 브랜드보다 서브 브
랜드를 강화하자는 전략이었습니다. 마스터 브랜드는 제품 구매를 결
정하는 1차적인 판단 기준이자 준거점이 되는 브랜드입니다. 마스터 브

랜드는 GE나 도요타 같은 기업 브랜드일 수도 있고, 크레스트(P&G의 치아 관련 제품 라인을 규정하는 브랜드)처럼 기업 브랜드가 아닐 수도 있습니다. 현대카드의 경우 현대카드가 마스터 브랜드라 할 수 있지요. 반면 서브 브랜드는 마스터 브랜드에 대한 연상 이미지를 변화시키는 브랜드로 마스터 브랜드를 강화시켜주며 마스터 브랜드를 의미 있는 세분시장으로 확장시키는 역할을 맡습니다. 도요타의 캠리 같은 브랜드가 서브 브랜드이고, 현대카드의 경우 M이 서브 브랜드입니다.

현대카드 브랜드 전략의 요체는 간단히 말하자면 현대카드 브랜드에 대한 소비자 인식이 그렇게 좋거나 단단하지 않으니 서브 브랜드를 강조하는 전략으로 신선함과 주목도를 높이자는 것입니다. 그렇다고 M을 개별 브랜드라 볼 수는 없습니다. 개별 브랜드 전략은 기업 내에서 여러 개의 독립적인 개별 브랜드를 운용하는 전략입니다. 예를 들어 P&G는 비달사순, 헤드앤숄더 같은 브랜드를 갖고 있지만 이 브랜드들을 P&G와 강력하게 연결하고 있지 않습니다. 현대카드는 서브 브랜드를 계속 선보이면서도 현대카드가 마스터 브랜드임을 계속 표현했기 때문에 서브 브랜드로 봐야 할 것 같습니다.

아무튼 2003년 현대카드M을 시작으로 현대카드는 도전적이고 독특한 광고로 소비자의 눈길을 끌기 시작했습니다. "M도 모르면서…… 쯧쯧쯧"이라는 도발적인 카피로 소비자에게 강력한 인상을 주었고, 임신한 남자가 나오는 광고, 세계 주요 국가 정상들이 미니스커트를 입고 있는 광고 등 파격적인 광고가 이어졌습니다. 여기에 이용 금액의 2

퍼센트를 적립해서 자동차 구입 시 200만 원까지 돌려준다는 강력한 혜택이 합쳐져서 M은 큰 성공을 거두었습니다. 현대카드는 여세를 몰아 쇼핑 후원자 S, '아버지는 말하셨지. 인생을 즐겨라' 노래로 화제가 된 W를 계속 출시하면서 신용카드 시장에서 매우 주목받는 플레이어가 되었습니다.

이렇게 힘이 모이자 현대카드는 2006년 '정말이지 놀라운 이야기'라는 기업 광고를 선보였습니다. 귀여운 애니메이션 형태로 '3년 전에는 2퍼센트만 현대카드를 썼지만 이제는 10퍼센트가 쓴다. 무려 5배 신장했다'는 메시지를 전달했습니다.

서브 브랜드의 성공을 바탕으로 어느 정도 힘이 모이자 그 힘을 다시 마스터 브랜드로 옮겨주는 방법을 사용한 것입니다. 그렇게 강화된 마스터 브랜드의 힘은 이후에 출시되는 서브 브랜드에 긍정적인 영향을 미치는 선순환 구조를 만들었다고 할 수 있습니다.

현대카드는 이후에도 프리비아, 퍼플, 레드, '학원, 통신, 병원, 약국' 카피로 유명한 H와 같은 서브 브랜드를 계속 선보였고, 또한 매년 기업 광고를 통해 마스터 브랜드에 힘을 더했습니다. 거기에 덧붙여 세계 유명 선수와 스타들이 출연하는 슈퍼매치와 슈퍼콘서트를 개최할 뿐만 아니라 이를 TV 광고로 전달함으로써 현대카드의 브랜드 이미지를 높이는 계기로 삼았습니다. 마침내 2009년에는 당당히 신용카드 업계 2위라는 광고를 하기에 이르렀습니다. 2003년 초까지만 해도 상상하기 어려운 일이 벌어진 것이죠. 이런 과정을 거쳐 현대카드의 브랜

1등 기업의 광고
2등 기업의 광고 ──

드 포트폴리오는 완성 단계에 이르렀고, 2011년에는 이 브랜드 포트폴리오를 소재로 광고를 만들었습니다.

급기야 플래티넘 2 시리즈 광고에서는 "설마 이렇게 안이하게 만들었겠는가? 현대카드가?"라는 자신감 넘치는 카피를 선보이기에 이르렀습니다. 어느새 현대카드라는 마스터 브랜드는 확실한 파워 브랜드로 힘을 과시하는 위치에 오른 것이죠. ==서브 브랜드를 강화하고, 그 힘을 모아 다시 마스터 브랜드의 힘을 키우고, 그 후광으로 또 다른 서브 브랜드를 키우고, 그 힘들이 모두 합쳐져서 마스터 브랜드를 파워 브랜드로 만드는 현명한 전략으로 현대카드는 신용카드 시장을 실질적으로 주도하고 있습니다.==

여기서 우리가 주목해볼 것은 바로 '광고 속에 브랜드 전략이 있다'는 것입니다. 기업은 기존 자산을 검토하면서 브랜드 전략의 틀을 어떻게 잡을지 끊임없이 고민해야 합니다. 실제로 많은 기업들이 그렇게 하고 있습니다. 그러한 브랜드 전략이 반영되는 것이 광고입니다. 따라서 광고 속에 담긴 브랜드 전략을 생각해보면서 광고를 보는 것은 광고를 관찰하는 재미를 하나 더해주는 방법입니다.

한마디 덧붙일까 합니다. 많은 기업들은 현대카드의 성공적인 '결과'를 주목하고 부러워합니다. "우리 회사도 저런 성공 사례가 될 수 없나?" 하고 푸념하기도 합니다. 하지만 그들이 얼마나 치열하고 집요하게 노력했는지, 얼마나 과감하게 공격적인 투자를 했는지 그 '과정'에 깊이 파고들어가 분석하고 실천하는 경우는 많지 않은 것 같습니다.

남들의 성공을 볼 때, 결과보다 과정에 주목하는 것이 성공을 제대로 공부하는 방법이라 생각합니다.

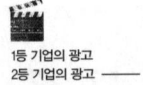
1등 기업의 광고
2등 기업의 광고 ────

일관성의 법칙

어느 광고주가 이런 질문을 했습니다. 기분 좋게 광고안을 결정짓고 나서 회의를 마무리할 즈음이었습니다. "이렇게 많은 광고비를 쓰는데 우리는 언제 1등이 될 수 있습니까? 매출까지는 바라지 않지만 브랜드 최초 상기도에서 말입니다." 저희는 이렇게 말씀드렸지요. "그렇게 빨리 1등이 될 수는 없습니다. 더구나 매일 사용하는 일상 제품도 아니고, 구매 빈도가 낮은 제품이기 때문에 더욱 그렇습니다"라고 말입니다. 그러자 이런 날카로운 반응이 돌아왔습니다. "아니, 경쟁 브랜드는 최근 2년 동안 우리보다 광고비를 더 적게 썼는데요. 광고비를 더 많이 쓰면 인지도는 올라가는 것 아닙니까? 광고회사에서는 브랜드 인지도를 올리려면 광고를 많이 해야 한다고 늘 말하지 않았습니까." "1등이 되려면 더 많은 시간 투자가 필요합니다. 사람들의 생각이 그렇게 쉽게 바뀌지 않으니까요"라고 말씀드리고 회의를 마무리했지만, 광고주는 여전히 석연치 않은 표정이었습니다.

제 경험이 아니더라도, 오늘도 많은 회의실에서 광고주와 광고회사 사이에 이러한 장면이 벌어질 것이라고 생각합니다. 당연합니다. 모든 브랜드가 1등이 되어보겠다는 열망으로 돈과 시간과 열정을 투자하고 있으니까요. 그런데 왜 투자한 만큼 효과가 바로 나타나지 않는 것일까요. 여러 가지 사정이 있을 겁니다. 경쟁 1등 브랜드가 모 브랜드의 후광효과를 강하게 받는 경우(삼성)도 있을 것이고, 2등이나 3등의 투자가 1등에 못 미치는 경우도 있을 것입니다. 그런데 제가 생각하는 가장 큰 이유는 '일관성의 법칙'입니다.

혹시 살면서 이런 얘기를 들어보신 적이 있나요. "난 저 사람이 항상 생각이 왔다 갔다 해서 참 좋아!" 아마 없을 겁니다. 왜냐하면 사람은 자신의 생각이나 행동이 남들에게 일관되게 보이려는 욕구를 갖고 있기 때문입니다. 일관적으로 보이면 논리적이고 이성적이며 안정적이며 정직하다는 이미지를 줍니다. 복잡한 세상을 쉽게 살아갈 수 있는 지름길이기도 합니다. 사실 우리가 살아가는 데 크게 도움이 되는 것이 고정관념입니다. 즉 '고정관념은 좋은 것'입니다. 고정관념이 좋은 것이라니…… 이게 무슨 얘기야? 하는 분들이 많을 겁니다. "고정관념에 빠졌다, 고정관념에 얽매여 있다" 등과 같이 고정관념은 부정적인 의미로 쓰이는 경우가 많습니다. 하지만 고정관념은 우리가 살아가는

1등 기업의 광고
2등 기업의 광고

데 꼭 필요한 것입니다. 물론 여기서 고정관념은 특정한 개인의 편향이나 취향이 아닌 사회적 합의가 이루어진 관념을 말합니다.

만약 우리 머릿속에 아무런 고정관념이 없다고 생각해봅시다. 아침에 일어나는 순간부터 우리는 크고 작은 의사결정과 판단을 해야 합니다. 무엇을 먹을지, 그다음에는 무엇을 할지, 언제 집을 나설지, 학교나 직장에 가서는 누구에게 무슨 말을 하고, 어떤 상황에서 어떤 행동을 할지……. 만약 우리 머릿속에 아무런 고정관념이 없다면 우리는 모든 정보를 끌어와서 매 상황마다 하나하나 평가하고 판단을 내려야 합니다. 아마 오전이 다 가기도 전에 머리는 터질 것 같고, 심신이 피곤해 기진맥진하게 될 것입니다. 모든 의사결정이 고통으로 다가올 것입니다. 이때 고정관념은 비교적 쉽게 의사결정을 하도록 돕는 역할을 합니다. 우리가 복잡한 상황에서도 별 어려움 없이 행동하는 데 도움을 주는 것이 바로 고정관념입니다.

그럼 단지 쉽게 의사결정을 하기 위해서만 고정관념이 필요한 것일까요. 그렇지 않습니다. 고정관념을 따르는 것이 많은 경우에 가장 효과적이라는 것을 알기 때문에 우리는 고정관념에 입각한 행동을 하는 것입니다. 어려서부터 '싼 게 비지떡'이라고 배워왔기 때문에 비싼 것은 품질이 좋다는 고정관념을 갖고 있습니다. "역시 돈 값을 하네." "하나를 사더라도 제대로 된 물건을 사는 것이 결국 이익이야." 이런 말들이 고정관념을 더욱 강화합니다.

결국 고정관념은 복잡한 세상을 쉽게 살아갈 수 있는 지름길이고,

좋은 이미지까지 갖게 해주며 또한 효과적이기 때문에 우리는 고정관념에 근거해서 일관성을 가지려고 합니다. 그렇기 때문에 광고에서 선점은 중요합니다. 사람들에게 최초로 접근해 한번 인식되면 그 브랜드에게 매우 유리합니다. 왜냐하면 이것저것 따지기가 귀찮은 데다 남들에게 일관성 있는 모습을 보여주어야 하기 때문입니다. 그래서 한번 마음속에 들어온 브랜드가 절대적으로 유리할 수밖에 없습니다.

그렇기 때문에 1등 브랜드를 추월하기가 참 어렵습니다. 2등이나 3등이 열심히 쫓아가도 1등도 가만히 있는 것이 아니기 때문에 역전하기가 어렵습니다. 이건 숫자로도 입증됩니다. 대홍기획이 1992년부터 지속적으로 실시한 소비자 조사에 따르면 '물건을 살 때 쓰던 상표를 계속 사게 된다'는 응답이 항상 65퍼센트가 넘었다고 합니다. 또 AC 닐슨에 따르면 오메가 규칙(Omega rule)이라는 것이 있는데 '소비자는 습관에 의거하여 구매를 결정하며, 브랜드 선택의 95퍼센트는 습관'이라는 것입니다. 2등, 3등 입장에서는 암담한 이야기입니다.

그럼 2등과 3등은 어떻게 역전을 할 수 있을까요. 먼저 혁신적인 제품과 차별화된 콘셉트가 있어야 합니다. 그리고 1등의 방심이라는 조건이 맞아떨어지면 더욱 가능성이 높아집니다. 1등의 방심이란 무엇일까요. 1등의 위치가 굳건하고 오래 지속될수록 1등의 마음속에서는 자만심이 번지기 시작합니다. 1등이라는 위치를 당연하게 여기게 됩니다. 그래서 마케팅과 투자를 아깝게 여기는 경향이 생깁니다. '아니, 시장 점유율이 두 배라고 광고비도 꼭 두 배를 써야 하나? 더구나 그동안

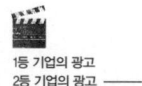

1등 기업의 광고
2등 기업의 광고

우리는 많은 돈을 투자해왔잖아? 그러니 앞으론 좀 더 효율성을 중시해야겠어.' 그러면서 광고비를 비롯한 마케팅 투자를 줄이고, 심한 경우에는 경쟁사보다 적게 투자하기도 합니다. 그러는 사이 거대한 둑에 작은 금이 가기 시작합니다. 그 틈을 2등과 3등은 노려야 합니다. 혁신적인 제품, 차별화된 콘셉트로 무장하고 한 가지 제품에 집중해서 승부를 보아야 합니다.

대표적인 사례가 하이트맥주입니다. 지금은 상상하기 어렵지만 과거 동양맥주의 OB, 조선맥주의 크라운 시절에는 시장점유율이 정말 비교도 되지 않았습니다. 만년 2등이었던 조선맥주가 1993년 국내 최초 천연암반수와 비열처리 공법이라는 혁신적인 신제품 하이트를 내놓으면서 '물이 좋아야 좋은 맥주'라는 차별화된 콘셉트로 공격적인 광고 캠페인을 전개한 결과, 1등에 올랐던 사실은 잘 알고 있을 겁니다. 당시 그렇게 화제가 되고 구매 빈도가 높은 제품인 맥주 시장에서도 1등 자리를 빼앗는 데 3년이 걸렸습니다. 그만큼 2등이 1등을 이기는 것은 어려운 일입니다.

==어렵게 1등 자리에 오르면 그다음은 훨씬 수월합니다. 역시 사람들의 마음속에 또 다른 일관성이 생겨나니까요. 이제 1등은 새롭게 자리 잡은 고정관념이라는 무기를 가지고 좀 더 수월하게 싸워나갈 수 있지요.==

하지만 방심은 절대 금물입니다. 2009년 57.5퍼센트 vs. 42.5퍼센트로 앞서가던 하이트맥주가 2011년을 기점으로 역전을 허용해 2013년에 60퍼센트 vs. 40퍼센트로 OB맥주에 뒤진 것을 보면 영원한 1등이란 없는 것 같습니다.

계속 2등, 3등의 입장에서만 말했는데, 그럼 1등의 입장에서는 어떤 방법이 있을까요. 물론 방심은 절대 금물이고, 작은 효율성만을 생각하고 마케팅 투자를 줄여 결국 큰 효율성을 놓치는 우를 범하면 안 되겠지요. 거기에 덧붙여 일관성의 법칙을 활용할 필요가 있습니다. 1등 입장에서는 자기에게 유리한 일관성을 계속 끌어내야 하는데, 그 방법이 바로 개입(commitment)입니다. 사람은 한번 취한 입장을 일관되게 취해야 한다는 심리적 압박을 느낍니다. 특히 남들이 알고 있다면 더욱 같은 입장을 고수하게 됩니다. 그래서 가능한 한 명시적으로 입장을 표시하도록 만드는 것이 사람들을 효과적으로 통제하는 방법입니다.

미국 캘리포니아의 부자마을 사람들에게 '안전운전 합시다'라는 보기 흉한 커다란 간판을 집 정원에 설치하자고 제안했더니, 동의한 사람이 17퍼센트에 불과했습니다. 그런데 동의한 사람들 가운데 76퍼센트는 바로 2주 전에 '나는 안전운전자입니다'라는 스티커를 차량에 부착하는 데 동의했던 사람들이었습니다. 이미 했던 자신의 행동이 족쇄가 되어서 간판 설치에 동의하게 된 것이지요.

이를 마케팅에 응용하여 브랜드에 대한 긍정적인 태도를 소비자가 직접 표현할 수 있는 계기를 많이 만들고, 그것을 주위 사람들과 더 많이 공유하도록 하면 좋습니다. 그래서 블로그에 사용 후기를 올리도록 유도하거나 브랜드 커뮤니티를 활성화하는 등 다양한 방법을 활용

1등 기업의 광고
2등 기업의 광고

할 필요가 있습니다. 사람들이 1등 브랜드에 대한 일관성을 지키도록 유도하는 것이지요. 이렇게 사람의 심리를 알면 마케팅에 효과적으로 응용할 방법도 많아집니다.

결국 광고는 브랜드에 대한 긍정적인 선입견을 만드는 작업입니다. 모든 브랜드를 실제 경험해볼 수 있는 사람은 없습니다. 그렇기 때문에 브랜드에 대해 좋은 선입견을 갖도록 만드는 것이 중요합니다. 만약 브랜드에 대해 사회적으로 합의된 좋은 고정관념을 만들 수만 있다면 브랜드의 앞날은 훨씬 밝아질 것입니다. 광고는 사람들의 머릿속에 브랜드에 대한 좋은 고정관념을 만드는 마술입니다.

2장

소비자의 니즈를 리드하는 광고

흔히 광고는 자본주의 사회의 꽃이라고 합니다. 그렇다면 브랜드는 자본주의 사회의 나무라 할 수 있겠지요. 그것도 기둥이 되는 나무일 것입니다. 브랜드에는 이 시대를 살아가는 사람들의 온갖 욕망과 감정이 뒤엉켜 있습니다. 명품 브랜드를 바라보는 우리의 눈에는 어떤 시선이 담겨 있을까요. 실용적인 브랜드를 자랑하는 우리의 태도에는 어떤 자부심이 담겨 있을까요.

이제부터 소비자의 욕구를 읽고, 해석하고, 기회를 잡은 몇 가지 사례들을 가지고 소비자 행동의 저변을 조금 긁어보려고 합니다. 일종의 맛보기입니다. 본격적인 공부는 여러분이 더 해야겠지요. 그럼 시작해볼까요?

소비자의 니즈를 리드하라

요즘 많은 사람들이 어렵다는 이야기를 합니다. 실제로 경기도 안 좋은 것 같고, 실업률도 정부 발표보다 훨씬 높다고 하고, 다른 나라들이 겪는 경제 위기가 실시간으로 전해지다 보니 불안감도 매우 높아졌습니다. 확실히 경제적으로 좋은 뉴스보다 나쁜 뉴스가 많은 것이 느껴집니다. 그래도 우리나라는 왠지 잘 이겨낼 것이라는 희망을 가져봅니다. 과학적이고 수치적인 근거는 없지만 그렇게 말할 수 있는 경험적 근거는 있습니다. 우리나라는 외환위기로 IMF 구제금융을 받았던 어려움을 잘 이겨낸 경험이 있으니까요. 벌써 까마득한 옛날 일 같지만 불과 16년 전의 일입니다. IMF 위기라고 하니까 마치 IMF가 위기를 가져온 것으로 착각하는 사람도 있습니다. 하지만 IMF로부터 구제금융을 받았으니까 IMF는 어쨌든 우리가 위기를 넘기는 데 도움을 준 존재였지요. 물론 나중에는 우리에게 너무나도 가혹하고, 필요성에 의문이 제기되는 구조조정을 강요했다는 비판을 받기는 했지만 말입니다. 아무튼 그때는 모두가 어렵고 움츠러들 수밖에 없었습니다. 어제까지 같이 일하던 직장 동료들이 해고되고, 월급이 깎이는 경우도 부지기수였습니다. 온 나라가 그렇게 움츠러들다 보니 제품이 제대로 팔릴 리 없었습니다. 물건이 잘 팔려야 경기가 좋아지고 활력이 생길 텐데, 초저가 물건 외에는 잘 팔리지 않는 시기였습니다. 당연히 비싼 제품들은 고전을 할 수밖에 없었습니다.

웅진코웨이도 고전하는 기업 중 하나였습니다. 당시 정수기는 값비싼 사치품이었습니다. 많은 사람들이 회사에서 잘리고 월급이 줄어드는 판국에, 필수품도 아닌 정수기에 그렇게 큰돈을 지불할 사람이 흔할 리가 없지요. 웅진코웨이도 큰 위기에 봉착하게 됩니다. 막연히 열심히 노력하자, 팔아보자 해서 해결될 일이 아니었습니다. 그때 회사의 운명을 바꾼 아이디어가 나옵니다. 판매 방식 자체를 바꾼 아이디어, 바로 렌털 방식이었습니다. 사실 소비자들이 깨끗한 물을 마시고 싶다는 욕구가 사라진 것은 아니었지요. 다만 비싼 제품을 한 번에 지불할 여력이 없었고, 돈이 있는 사람도 전반적인 긴축 분위기 때문에 망설일 수밖에 없었습니다. 그런 상황에서 부담과 문턱을 낮춘 판매 방식은 절묘한 아이디어였습니다. 그 아이디어는 곧 우리 집에도 영향을 미쳤습니다.

어느 날 퇴근해서 집에 가보니 아내가 얘기를 꺼내더군요. "한 달에

1등 기업의 광고
2등 기업의 광고

2만 6000원만 내면 매달 와서 필터도 갈아주고, 청소도 깨끗이 해주고…… 그리고 5년 후에는 아예 우리 것이 된대." 저는 '아, 이건 조삼모사구나'라고 직감했습니다. 월 2만 6000원씩 5년이면 150만 원이 넘는(물론 뒤로 갈수록 부담이 적긴 하지만) 큰돈이고, 결국 우리 돈을 내고 사는 것이나 다름없습니다. 하지만 매일 물을 끓여 마시는 번거로움에서 아내가 해방되는 것만 해도 좋은 일이라는 생각에, "그래, 그 정도면 생수를 사다 마시는 것보다는 싸게 해결하는 거지, 뭐"라는 말로 동의를 표했습니다. 며칠 후 웅진코웨이 정수기는 우리 집 부엌에서 빼놓을 수 없는 친구가 되었고, 그 후 기종은 몇 번 바뀌었지만 지금까지 함께하고 있습니다.

물론 쉽게 떠올리고 결단할 수 있는 아이디어는 아니었습니다. 제품 생산 후 비용 회수가 늦어지는 문제가 있기 때문에, 품질을 유지하면서도 생산 단가를 낮추어야 하는 어려움을 극복하기가 쉽지 않았을 겁니다. 정수기를 관리하는 조직을 구축하고 유지하는 데도 힘이 많이 들었겠지요. 하지만 결과적으로 매출은 폭발적으로 늘어났고, 웅진코웨이는 위기 탈출은 물론 약진의 기회를 잡았습니다.

거기에 부수적인 효과도 얻었습니다. 1만 3000명에 이르는 '코디'라고 불리는 판매·관리 조직이 확실하게 구축되자 그 판매망을 활용하여 공기청정기, 비데, 연수기 등 다양한 제품을 팔 수 있게 되었습니다. 우리 집에도 수년 동안 계속 방문하는 코디가 있는데, 매달 정수기 필터 점검과 청소를 하면서 자연스럽게 아내와 친숙한 관계가 되었습니다. 편안한 분위기에서 제품 설명도 하고 매달 들어가는 부담도 낮춰주니 나중에는 공기청정기와 비데까지 들여놓게 되었습니다. 웅진코웨이의 매출도 당연히 기하급수적으로 늘어났겠지요. 판매 방식 아이디어 하나가 회사의 운명을 바꾼 사례입니다.

얼마 전 기사를 보니 기존 대기업 계열이 아니면서 1980년 이후 창업한 회사 가운데 매출 1조 원을 돌파한 기업이 딱 둘인데 하나는 네이버이고 다른 하나는 웅진코웨이라고 합니다.

웅진그룹이 큰 어려움을 겪으면서 웅진코웨이도 매각되는 운명에 처했지만 역설적으로 웅진코웨이를 비싼 가격에 팔 수 없었다면 이 정도라도 버틸 수 있었을까 하는 생각도 듭니다.

==소비자에게는 분명히 잠재된 욕구가 있습니다. 하지만 소비자는 그 욕구를 적절하게 해결하는 방법을 모릅니다. 그 방법을 소비자에게 물어보는 것은 어리석은 일입니다. 그 욕구를 해결하는 방법을 찾고 시장을 만들고 리드하는 것은 기업의 몫입니다.==

소니의 창업자 모리타 아키오(盛田昭夫)는 미국의 시사 주간지 〈타임〉이 선정한 20세기의 위대한 경영자에 아시아인으로서는 유일하게 포함될 정도로 뛰어난 경영자입니다. 그가 만든 히트작 워크맨에 이런 일화가 있습니다. 당시는 큰 카세트테이프 라디오를 야외에 들고 다니며 음악을 듣던 시대였는데, 모리타 아키오는 휴대성에 초점을 맞춰 워크맨을 개발했습니다. 이때 개발된 제품은 녹음 기능이 없는 단순 재생 플레이어였습니다. 회사 내에서는 출시 반대 의견이 많았습니다.

1등 기업의 광고
2등 기업의 광고

녹음 기능이 없는 비싼 제품을 누가 사겠는가, 그리고 소비자 조사에서도 반응이 좋지 않다는 것이 반대 이유였습니다.

이때 모리타 아키오는 이런 말을 했습니다. "신제품을 개발하는 데 소비자 조사에 의존하는 것은 매우 어리석은 일이다. 소비자는 무엇이 필요한지를 잘 모른다. 만약 자동차를 개발하기 전에 소비자 조사를 했다면 소비자들은 자동차가 아니라 더 빨리 달리는 말을 원한다고 답했을 것이다." 그럼에도 불구하고 반대가 거세자 모리타 아키오는 배수진을 칩니다. "만약 3만 대를 팔지 못하면 회장직에서 사퇴하겠다." 그의 승부수는 통했고, 워크맨은 목표를 뛰어넘어 소니의 아이콘이 되었습니다.

소비자의 표면화된 욕구에 대응하는 것은 어찌 보면 쉬운 일입니다. 하지만 더 중요한 것은 잠재된 욕구, 그러나 해결되지 못하고 있는 욕구를 읽고, 해결책을 찾아내는 것입니다. 그래서 소비자의 니즈(needs)를 리드(lead)할 때 기업과 브랜드의 성공은 찾아옵니다.

트렌드 변화에 민감하게 반응하라

　　　　　　　　　　　　ZIC(지크)는 엔진오일의 브랜드 시대를 개척한 선도적인 브랜드입니다. 과거에는 자동차 정비업소에 가서 "엔진오일 갈아주세요" 하면 그냥 노즐을 당겨다가 쭉 넣어주면 그만이었습니다.

　1995년 엔진오일의 브랜드 시대를 연 ZIC는 브랜드 최초 상기도 70퍼센트에 달하는 압도적인 브랜드가 되었습니다. 하지만 ZIC는 여기에 만족하지 않았습니다. 우리나라 자동차 시장을 다시 분석하기 시작했습니다. 국내 자동차 시장의 특성 가운데 하나는 경차와 소형차의 비중이 유럽이나 일본에 비해 낮은 반면에 대형차 비중이 매우 높다는 것입니다. 차를 실용적인 용도로만 생각하기보다는 사회적 지위나 부의 상징으로 생각하는 경향이 있고, 또한 체면을 중시하는 사회

1등 기업의 광고
2등 기업의 광고 ───

적 분위기가 복합적으로 작용한 것 같습니다. 이런 경향은 갈수록 심해지는 것으로 보입니다. 과거에는 대리는 소형차, 과장은 준중형차, 부장은 중형차, 임원은 대형차 하는 식으로 회사 직급에 걸맞게 차를 타는 분위기가 있었지만 요즘은 그런 생각을 하는 사람이 거의 없고, 젊은 층이 크고 좋은 차를 타도 어색하지 않은 분위기가 되었습니다.

아무튼 ZIC는 이런 트렌드를 재빨리 읽고 2001년 말 2000cc 이상 대형차를 타깃으로 ZIC XQ 광고를 선보였습니다. 그 결과 ZIC는 일반 엔진오일, 고급 엔진오일에서 모두 1등이 되었습니다.

여담이지만 저도 'ZIC XQ가 참 현명한 마케팅 방법을 쓰는구나'라고 느낀 적이 있습니다. 2000cc 이상 되는 차를 사서 처음 정비업소에 갔을 때, 정비업소의 권유를 받고 ZIC XQ를 넣었습니다. 그리고 그 사실 자체를 잊어버렸습니다. 엔진오일을 교환할 때가 되기 전에는 별로 신경을 안 쓰고, 보닛을 열어볼 일도 없으니까요. 엔진오일을 교환할 때가 되어 정비업소에 갔습니다. 정비기사가 보닛을 열어보더니 "아, ZIC XQ를 넣으셨군요. 그걸로 넣어드릴까요?"라고 묻는 겁니다. '어떻게 알았지?' 하고 쳐다보니 엔진오일 마개에 'ZIC XQ로 넣어주세요'라는 스티커가 떡하니 붙어 있었습니다. 전에 갔던 정비업소에서 붙여 놓은 것이죠. 이것으로 이미 게임은 끝난 겁니다. '아니요, 일반 엔진오일로 넣어주세요'라는 말이 도저히 나올 수가 없는 상황입니다.

정비업소에서는 왜 스티커를 붙였을까요. 회사 측의 요청도 있었겠지만, 고급 엔진오일을 많이 팔수록 수익이 커지는 건 당연한 일이겠지요. 전형적인 윈윈(win-win) 방법입니다. ZIC XQ를 넣는 동안, 이런 생각을 했습니다. '이런 게 바로 마케팅이구나. 꼭 거창해야 마케팅이 되는 건 아니지. 관심을 갖고, 사람들을 주의 깊게 관찰하고, 실질적으로 사람을 움직일 수 있는 아이디어를 찾는 것이 진짜 마케팅이구나.' 아무튼 ZIC는 두 번의 발 빠른 행보로 앞서갈 수 있었습니다.

다른 사례를 하나 소개할까 합니다. 지금은 디지털카메라 시대라서 조금 오래된 일이지만 후지필름 사례입니다. 뒤에서 좀 더 자세히 다루겠지만 한국 시장에서 후지필름의 브랜드 선호도는 코닥에게 7:3에 가까운 격차로 뒤졌다고 합니다. 그래서 찾은 것이 자동카메라 시장입니다. 필름을 수동으로 감아 넣었던 기존 카메라와 달리 필름을 넣으면 자동으로 감아주는 카메라가 대세라는 점에 주목했습니다. 그래서 '자동카메라용 필름은 따로 있다'는 메시지를 1994년부터 1999년까지 무려 5년 동안 꾸준히 전달했고, 그 결과 매출이 크게 증가했습니다.

이 두 가지 사례에서 배울 수 있는 교훈은 광고와 마케팅에서 사회 트렌드 변화에 촉각을 세우고, 그 변화를 읽고 반영하는 노력이 매우 중요하다는 것입니다. 그 변화를 반 발짝 먼저 읽는 것이 장기적으로 볼 때, 브랜드의 생사를 가를 수도 있는 중요한 문제입니다.

1등 기업의 광고
2등 기업의 광고

광고는 결국 문제 해결이다

언젠가 아주 조용한 목소리의 광고가 들려왔습니다. 시끄럽게 떠들지 않아도 주목하게 만드는 힘이 있었습니다. 무엇보다 한번 생각하게 하는 힘이 있었습니다. 더구나 생각을 행동으로 옮기게 하는 힘이 있었습니다. 이런 광고를 만나는 것은 흔한 일이 아닙니다. 캐논 DSLR 광고입니다. 카피의 설득력을 전달하기 위해 그대로 옮겨봅니다. 네 편의 광고 카피를 차분하게 읽어보시기 바랍니다.

DSLR은 어렵다?
하지만 DSLR보다 훨씬 더 어려운 것들을 당신은 이미 잘하고 계십니다.

 늦었다 < 늦지 않았다

 무겁다 < 무겁지 않다

 어렵다 < 어렵지 않다

1등 기업의 광고
2등 기업의 광고 ———

운전, 자녀교육, 그리고 요리 같은.
한번 시도해보세요.
어렵지 않습니다.
시작하시면 아마 왜 이렇게 재미있는 걸 몰랐나 싶으실 겁니다.
어렵다 〈 어렵지 않다. 캐논

DSLR을 시작하기에는 늦었다?
DSLR은 젊은 사람들만의 것도, 전문가들만의 것도 아닙니다.
당신이 남기고 싶은 것이 있고, 지키고 싶은 것이 있다면
바로 지금이 DSLR을 시작하기에 가장 좋은 때입니다.
늦었다 〈 늦지 않았다. 캐논

DSLR은 무겁다?
무거우신가요?
이들을 안을 때 우리는 무겁다 말하지 않습니다. 사랑하니까요.
사랑하는 이들을 가장 아름답게 담아주는 감동의 무게에 비하면
DSLR은 무겁지 않습니다.
무겁다 〈 무겁지 않다. 캐논

DSLR은 찍히는 것이 더 즐겁다?
당신은 언제나 아름답게 찍히길 원하면서

당신이 사랑하는 것들은 어떻게 찍으시나요?
이제는 진짜 DSLR로 찍어보세요.
직접 찍는 것이 얼마나 즐거운지 알게 되실 겁니다.
찍히다 〈 찍다. 캐논

언제부터인가 취미로 사진을 찍는 사람이 많아졌습니다. 이것저것 신경 쓸 게 많고, 필름 값도 만만치 않게 들던 필름 카메라 시대에서 필름 값이 들지 않는 디지털카메라 시대로 바뀐 것이 영향을 미친 것 같습니다. 블로그, 싸이월드, 페이스북, 트위터 등이 활성화됨에 따라 인터넷에 사진을 올리는 일이 많아진 것도 원인이겠지요. 주말 삼청동 골목에는 디지털카메라를 멘 젊은이들이 가득하고, 신사동 가로수길 식당에는 음식을 카메라에 담는 사람들이 눈에 띕니다. 그러다 보니 '똑딱이'라고 부르는 콤팩트 카메라에 만족하지 못하고, 성능이 좋은 DSLR 카메라를 장만하는 사람이 많아졌습니다. 이렇게 DSLR 카메라를 앞서서 사용하는 사람이 많아지긴 했지만, 아직 완전히 대중화되었다고는 볼 수 없습니다. 그런데 만약 똑딱이를 사용하는 사람들이나 아직 디지털카메라를 쓰지 않던 사람들이 DSLR 카메라를 갖게 된다면 카메라 회사는 높은 수익을 올리게 되겠지요. 그러니까 카메라 회사에서는 DSLR 카메라를 판매하기 위한 캠페인을 하는 것이 당연한 일이지요.

그런데 캐논에서는 DSLR 카메라를 쓴다는 것은 남보다 앞서가는

1등 기업의 광고
2등 기업의 광고

일이고, 멋진 일이라는 식의 이미지 광고를 하지 않았습니다. 그보다 사람들이 왜 DSLR 카메라를 사지 않는지를 살펴보았습니다. 거기서 인식상의 장애를 짚어내고, 그것을 해결하는 데 집중했습니다. 먼저 DSLR 카메라는 어려울 것이라는 막연한 편견을 짚었습니다.

당신은 그보다 훨씬 어려운 일을 잘하고 있으니 한번 시작해봐라, 어렵지 않다는 것을 알게 될 거라고 얘기합니다. DSLR 카메라는 젊은 사람이나 쓰는 것이지 나는 늦었다고 생각하는 사람에게 DSLR은 젊은 사람들, 전문가만의 전유물이 아니니 남기고 싶은 순간이 있다면 바로 시작하라고 말합니다. DSLR은 무겁다는 생각에 대해서는 사랑하는 사람을 안을 때 무겁다고 생각하지 않듯이 감동의 무게에 비하면 무겁지 않다고 이야기합니다. 당신은 아름답게 찍히길 원하면서 당신이 사랑하는 것들은 왜 그렇게 찍지 않냐고 묻습니다.

피상적인 접근이 아니라 구체적으로 하나하나 짚어서 설득력 있는 이야기를 만들어 차분하게 접근하고 있습니다. 그 결과 캐논은 2010년 전년대비 11퍼센트의 성장률을 기록하며 최초로 매출 4000억 원을 달성했습니다. 디지털카메라 매출로는 단연 업계 1위입니다. 그리고 광고 제품이었던 550D와 600D 제품은 DSLR 시장 1위와 2위를 기록했습니다. 캐논은 "적극적인 광고를 통해 DSLR 카메라는 전문가의 전유물이라는 인식이 사라지고 타깃 층이 넓어졌다"고 평가했습니다.

과거에 집행된 AXA(악사) 자동차보험 광고도 인식상의 장애를 해결하기 위한 광고였습니다. 두 편의 광고를 통해 우리가 의식하지 않고 지나치는 것들을 생각해보게 했습니다. 친구나 친척이 보험설계사라서 어쩔 수 없는 경우라면 모르겠는데 습관처럼 설계사에게 보험을 드는 사람들에게 보험료 더 내고 특별서비스라도 받느냐고 묻습니다. 그리고 보험료가 저렴할수록 서비스의 질도 떨어진다고 생각하는 사람들에게도 보험료 더 내고 특별서비스라도 받느냐고 묻습니다. 그리고 멤버십 서비스, GPS 위치추적 긴급출동, 1:1 전담 보상 서비스라는 팩트를 전달해 AXA의 신뢰감을 높여주고 있습니다. 자동차보험을 일종의 세금처럼 생각하고 상품으로 생각하지 않는 사람들과 다이렉트 보험에 대해 막연한 불안감을 가진 사람들을 설득하기 위해 한번 더 생각하도록 만드는 광고였지요.

광고의 역할과 정의에 대해 여러 가지 의견이 있습니다. 저는 ==기본적으로 '광고는 문제 해결'이라고 생각합니다. 광고는 설득 커뮤니케이션입니다. 광고주 입장에서는 자신에게 유리한 인식과 환경을 만들기 위해 메시지를 개발하고 소비자를 설득하는 것이 당연히 중요합니다. 그렇기 때문에 광고는 광고주가 고민하는 문제를 해결하는 역할을 해야 합니다.== 다만 문제 해결이 단기적으로 가능한지, 좀 더 장기적인 관점을 가져야 하는지 판단해야 하지만, 광고주의 문제 해결에 기여해야 한다는 목표는 분명합니다. 따라서 단순히 눈에 띄고, 멋진 광고가 좋은 광고라는 생각에는 동의하지 않습니다. 하지만 요즈음 광고주조차 문제 해결보다는 광고의 흥행성에 더 무게를 두는 경우가 있는 것 같아 안타까움을 느낍니다.

1등 기업의 광고
2등 기업의 광고

제가 광고를 시작한 지 얼마 안 되었을 때, 선배님께서 쓰신 기획서를 보았습니다. 마케팅 목표가 기술되어 있고 이를 달성하기 위한 오퍼레이션 태스크(operation task)와 커뮤니케이션 태스크(communication task)를 명확히 구분한 후에, 커뮤니케이션 태스크를 해결하기 위한 광고 전략이 잘 정리되어 있었습니다. 그때 '광고는 절대 겉멋이 아니구나. 광고는 문제 해결이다'라고 느꼈습니다. 소비자 인식 속의 문제를 깊이 파고들어 광고주의 문제를 해결하는 좋은 광고 캠페인이 더 많아졌으면 좋겠습니다.

광고와 마케팅은 심리 싸움이다

심리학에 '인지부조화'라는 개념이 있습니다. 자신의 생각과 행동이 일치하지 않을 때, 또는 기존에 가지고 있던 생각과 다른 모순이 생길 때 이를 불편하게 여기는 것을 말합니다. 그래서 그 모순과 차이를 해소하려고 합니다. 쉽게 말해 자기 합리화를 한다는 것이죠. 이솝우화에서 목이 마른 여우가 나무가 높아서 포도를 따 먹을 수 없자 '저 포도는 분명 실 거야'라고 생각하는 것이 좋은 예입니다.

==단순히 자기가 태도를 바꾸는 것으로 끝나면 쉬운데 마케팅에서는 그렇게 단순한 문제가 아닙니다. 소비자가 제품을 구매했는데 정작 잘 산 건지 확신하지 못한다면, 재구매로 연결될 가능성이 낮은 데다, 주변 사람들에게도 확신이 없는 얘기를 하게 되면 부정적인 영향을 미==

1등 기업의 광고
2등 기업의 광고 ———

치기 때문에 기업에서는 인지부조화를 해결하는 데 신경을 써야 합니다. 인지부조화를 해결하기 위한 방안이 보증제도와 애프터서비스 제도입니다. 보증도 확실하게 해주고 사후 관리도 철저하게 해주면 소비자는 역시 믿을 만한 제품이라고 생각하게 됩니다.

인지부조화를 해결하는 또 다른 방법 중 하나가 지속적인 커뮤니케이션(follow-up communication)입니다. 그랜저 광고를 가장 열심히 보는 사람은 누구일까요. 물론 그랜저를 살까 말까 망설이는 잠재 소비자입니다. 그런데 그에 못지않게 열심히 보는 사람은 이미 그랜저를 타고 있는 사람입니다. 내가 사용하고 있는 제품의 광고가 좋을 때 이유 없이 기분이 살짝 괜찮아지는 경험, 아마 한 번씩 있을 겁니다. 지난번 쏘나타 광고가 좋게 느껴졌습니다. 제품 기능에만 매몰되지 않고 감성이 어우러진 브랜드로 포지셔닝하려는 노력을 높게 평가하고 싶습니다. 쏘나타 브랜드의 격이 한 단계 높아지는 느낌도 듭니다. 아마 그 광고를 보고 가장 좋아했던 사람 중 하나는 이미 쏘나타를 타고 있는 사람일 겁니다.

그래서 인지부조화를 해소하고 기존 고객을 만족시키기 위해서도 지속적인 커뮤니케이션이 중요합니다. 예산 여유가 조금이라도 있는 브랜드라면 단기 수익에만 매달려 광고를 하다 말다 하면 안 됩니다. 사람도 그렇듯이, 광고도 꾸준한 맛이 있어야 합니다.

차 얘기가 나왔으니, 차 광고와 관련한 심리학 개념을 하나 더 얘기해볼까요.

소득 수준이 높아져 예전보다 부담이 줄었다고는 하지만, 그래도 아직 자동차는 매우 값비싼 제품입니다. 그래서 자동차 광고는 여전히 많은 사람들의 가슴을 뛰게 하는 마력을 갖고 있습니다. 그런데 자동차 광고를 유심히 보면 특이한 점이 하나 있습니다. 자동차 라인업 중에서 최고 사양의 모델을 제시하는 것입니다. 쏘나타라면 2.4, 그랜저라면 3.3, 제네시스라면 3.8 모델을 광고에서 보여줍니다. 사실 가장 많이 타는 모델은 그것보다 한 등급 낮습니다. 그리고 쏘나타 2.4는 그랜저와, 그랜저 3.3은 제네시스와 배기량이 겹칩니다. 그럼에도 광고에서는 왜 그 모델들을 보여주는 것일까요.

사람은 누구나 자신이 객관적이라고 생각하지만 사실 매우 주관적입니다. 예를 들어보겠습니다. 양동이 세 개를 준비해서 왼쪽에는 찬물, 가운데에는 보통 물, 오른쪽에는 뜨거운 물을 담습니다. 찬물과 뜨거운 물에 각각 왼손과 오른손을 잠시 담갔다가 동시에 보통 물 양동이로 옮깁니다. 분명히 왼손과 오른손이 느끼는 온도가 다릅니다. 하지만 보통 물의 온도는 하나입니다. 즉 동일한 사물이라도 다르게 느낄 수 있다는 것입니다. 이를 심리학에서 대조효과라고 말합니다.

판매 현장에서 많이 활용되는데, 패션 매장이 대표적입니다. 신사복 매장에서는 먼저 양복이나 코트, 숙녀복 매장에서는 정장을 고르게 합니다. 입어보고 같이 간 사람의 의견도 물어보고 판매원의 의견도 물어봅니다. 심사숙고한 끝에 결정을 내립니다. 판매원은 인내심을 갖고 고객의 입에서 "그럼 이걸로 할게요"라는 말이 나올 때까지 기다

1등 기업의 광고
2등 기업의 광고

립니다. 그런 다음에 비로소 양복이나 여성 정장에 어울리는 액세서리를 제시합니다. 그리고 양복이나 정장에 비하면 가격이 얼마 안 된다는 점을 강조합니다. 고객은 이미 고가의 옷을 구입하기로 결정한 상태이기 때문에 액세서리 가격이 상대적으로 낮아 보입니다. "사는 김에 이것도 사지 뭐." 판매원의 계산이 제대로 맞아떨어졌습니다.

자동차도 마찬가지입니다. 심사숙고하여 차종을 결정합니다. 그 차종에서 최고급 모델을 보았습니다. 여러 가지 첨단 기능이 들어간 것이 마음에 듭니다. 그런데 생각보다 조금 비쌉니다. 그에 비하면 한 등급 낮은 모델은 상대적으로 가격이 싸게 느껴집니다. "그래, 최고급 모델은 못해도 이 정도는 해야지. 이 정도면 가격도 괜찮아." 이렇게 최고급 모델은 구매 결정을 내리는 촉매제 역할을 합니다.

심리학은 참 재미있는 학문입니다. 인간관계뿐만 아니라 광고와 마케팅에 정말 유용합니다. 광고와 마케팅은 결국 사람의 마음을 움직이는 것입니다. 심리학을 공부하고 실전에 응용해보는 것이 꼭 필요한 이유입니다.

당신께 오마주합니다

TV 광고 한 편의 카피를 소개하겠습니다.

예비고사, 본고사로 이어졌던 입시의 문턱.
대학가요제 노래에 담았던 젊음과 낭만.
첫 명함. 세상을 향한 첫 걸음의 포부.
시대의 언덕을 넘어 세상을 이끌어온 당신.
당신께 오마주합니다. K9.

또 다른 광고 카피입니다.

1등 기업의 광고
2등 기업의 광고

그 어느 때보다 중요한 결정을 내리는 아침.
이분의 깊은 생각을 깨울까 숨소리조차 아끼며 달리는 체어맨입니다.
대한민국 CEO, 체어맨 W.

한눈에 봐도 타깃이 누구인지 분명합니다. 대학 본고사를 마지막으로 치른 세대는 80학번이니까 나이도 대략 가늠이 됩니다. 큰 빌딩에 있는 임원 전용 주차 구역을 보면 마치 약속이나 한 듯이 검은색 대형 세단으로 통일되어 있습니다. 특급 호텔 입구에 기사들이 차 대기하는 곳도 마찬가지입니다. 검은색 대형 세단은 이렇게 CEO의 지위와 권위를 드러내는 상징이 되었습니다.

심리학에 '호감의 법칙'이 있습니다. ==세상은 남한테 호감을 주는 사람에게 유리하다는 것입니다. 다른 사람의 호감을 사는 방법 중 하나가 칭찬입니다. 사람은 자신을 칭찬하는 말이 진실이라고 믿는 경향이 있고, 비록 그것이 사탕발림이라고 하더라도 그런 말을 하는 사람을 좋아한다는 것입니다.== 동서고금의 역사를 보더라도 아부를 싫어하는 군왕은 흔치 않았습니다. 성인군자가 아니고서야 자기에게 듣기 좋은 말을 하는 사람을 경계하고 심지어 싫어하거나 내치는 것은 결코 쉬운 일이 아닙니다. 더구나 나이가 들수록 칭찬의 말은 더욱 달고, 비판의 말은 더욱 쓰게 느껴진다고 합니다. 역사상 신하의 간언을 가장 잘 수용한 황제로 인정받는 당 태종도 항상 간언을 서슴지 않았던 위징이라는 신하를 높이 평가하고 존중했으나 말년에는 신하의 간언을

1등 기업의 광고
2등 기업의 광고 ———

용납하지 않는 완고한 모습을 보였다고 합니다. 그러니 "시대의 언덕을 넘어 세상을 이끌어온 당신이 그 어느 때보다 중요한 결정을 내리는 순간, 당신의 그 깊은 생각을 깨울까 두렵다"는, 듣기에 따라서는 다소 민망하기까지 한 아부와 칭찬의 말이 광고 카피로 나오는 것입니다.

타깃을 고무하고 찬양하는 말이 그만큼 먹히기 때문에 광고에서도 유용하게 쓰입니다. "당신을 존중합니다", "오직 당신만이 알 수 있는", 심지어 "당신을 닮고 싶습니다" 이런 류의 카피들이 위력을 발휘합니다. 이런 카피는 꼭 사회적으로 지위가 높은 타깃에게만 적용되는 것은 아닙니다. 어떤 타깃이든 자존심이 있고, 존중받고 싶은 부분이 있게 마련입니다. 그 부분을 잘 건드려주면 됩니다.

미국의 자동차 판매왕 조 지라드(Joe Girard)가 판매왕이 된 비법은 고객들이 자기를 좋아하도록 만든 것입니다. 그는 매달 1만 3000명이 넘는 고객들에게 축하카드를 보냈는데, 축하의 내용은 신년축하, 밸런타인데이 축하, 추수감사절 축하 등 매번 달랐지만 항상 'I like you'라고 적었습니다. 이 말이 그렇게 효과가 있을까 싶지만, 당신을 좋아한다는 메시지를 반복적으로 받은 사람들은 그를 기억할 뿐만 아니라 언젠가 도움이 되고 싶다는 생각을 갖게 되었나 봅니다. 자기에게 호감을 표시하는 사람을 더 좋아하는 것은 인지상정입니다.

그러니 상투적인 표현이라고 쉽게 치부하지 말고, 타깃을 고무, 찬양하는 표현을 적극적으로 활용하는 것은 광고와 브랜드에 대한 호감을 높이는 방법 중 하나임을 생각해볼 필요가 있습니다.

할리데이비슨이 살아난 이유

저는 오토바이를 타지 못하지만 아파트 지하 주차장에 서 있는 할리데이비슨 오토바이를 보면 왠지 가슴이 두근거립니다. 거의 모든 남자들의 로망이라 할 수 있는 오토바이를 타고 질주하고 싶은 본능. 그 정점에 있는 브랜드가 할리데이비슨입니다. 특히 '둥 두둥 두둥 두두두둥' 하는 특유의 엔진 소리는 말 발굽 소리와 유사하다고 하는데, 인간의 심장박동 주기와 비슷해서 오토바이와 한 몸이 되는 느낌을 받는다고 합니다. 저는 오토바이를 못 타기도 하지만 위험하다며 집에서 허락할 가능성이 없기 때문에 나중에라도 혹시 기회가 되면 할리데이비슨 트라이크(삼륜 오토바이)라도 도전해보리라는 야무진 꿈을 가지고 있습니다.

오토바이 예찬으로 시작했지만 여기서 하고 싶은 이야기는 할리데

1등 기업의 광고
2등 기업의 광고 ────

이비슨 HOG(Harley Owners Group) 사례입니다. 할리데이비슨은 70퍼센트에 달하는 시장점유율을 자랑했지만 소형 오토바이 시장을 집중 공략한 경쟁자들, 특히 일본 브랜드들의 공세에 밀려 1981년 시장점유율이 10퍼센트 미만으로 추락하는 수모를 겪었습니다. 존폐의 위기에 처한 1983년 할리데이비슨은 HOG를 출범시킵니다. 광고할 돈조차 변변히 없어 'to ride and have fun'이라는 모토 아래 할리데이비슨을 타는 사람들을 모아 유대를 강화하는 것이 목적이었습니다. 단체 오토바이 여행이나 운전자 교육 같은 다양한 프로그램을 통해 그들의 욕구를 충족시키면서 커뮤니티를 활성화하고 더불어 구전 마케팅을 노려보자는 것이었습니다.

HOG의 운영은 매우 성공적이었습니다. 전 세계적으로 HOG 회원은 현재 100만 명이 넘는다고 합니다. 수백 명이 동시에 할리데이비슨 오토바이를 타는 행사는 이미 한국에서도 명물이 되었고, 미국에서는 5만 명이 행사에 참여한 적도 있습니다. 할리데이비슨 직원들도 HOG 행사에 참여해 신제품과 서비스에 대한 의견을 듣고 아이디어를 얻습니다. 직원들이 HOG 멤버가 되고, 반대로 HOG 멤버가 직원이 되기도 합니다. 또한 회원들을 주 타깃으로 로고가 들어간 벨트, 버클, 모자, 지갑, 시계 등 다양한 액세서리를 판매하는데 이것이 전체 매출의 10퍼센트를 차지한다고 합니다.

이렇게 할리데이비슨은 HOG를 통해 확실히 회생했습니다. 위기 상황에 빠졌던 1980년대 초반에서 30년이 지난 지금, 할리데이비슨은 브랜드 가치만 수십억 달러에 달하며, 미국에서 가장 존중받는 브랜드 4위에 오르기도 했습니다.

앞서 언급했던 Five Venue에 따르면 할리데이비슨은 인식상의 열위에 처한 브랜드에 해당합니다. Five Venue에서는 이런 브랜드가 취할 수 있는 전략은 확실한 원군이 되어줄 집단을 만들어내는 데 집중하는 것입니다.

교두보라는 말이 있습니다. 열위에 처한 상황에서 일거에 전세를 뒤집을 수 있다면 좋겠지요. 하지만 그것은 무리이고 욕심입니다. 일단 의지할 수 있는 근거지를 단단하게 만들고, 그곳을 바탕으로 세를 확산시키며 후일을 도모해야 합니다. 할리데이비슨은 브랜드를 사랑하는 사람들을 단단히 결속시키고 그들을 자발적 홍보요원으로 활용하는 전략을 구사했습니다. 그 결과 브랜드 지위를 다시 확보할 수 있었습니다. 시장 지위가 단단하지 않은 브랜드일수록 브랜드 커뮤니티에 주목하고 적극적인 팬을 만들도록 노력해야 합니다.

1등 기업의 광고
2등 기업의 광고

단어의 주인 되기

　　　　　　　　　　　　제가 좋아하는 광고 중 하나가 두산그룹의 기업 광고 '사람이 미래다' 캠페인입니다. '젊은 청년에게 두산이 하고 싶은 이야기'라는 주제로 벌써 열한 번째 이야기가 나와 있습니다. 행복한 사람은 주변까지 행복하게 한다, 약속을 지키는 사람이 가장 믿을 수 있는 사람이다, 좋아하는 것을 해줄 때보다 싫어하는 것을 하지 않을 때 신뢰를 얻을 수 있다 등 삶의 격언이 될 만한 이야기를 잔잔한 분위기로 전달해줍니다. 두산그룹 회장이 직접 카피를 썼다고 해서 더욱 화제가 되었던 캠페인입니다.

　사실 이런 기업 광고를 하기는 쉽지 않습니다. 큰돈을 들여서 하는 기업 광고인데 전혀 자기 자랑을 하지 않고 사회에 긍정적인 영향을 미치는 메시지에만 집중한다는 것은 참 어려운 일입니다. 물론 두산중

공업이나 두산인프라코어에서 기업 광고를 별도로 하고 있긴 하지만, 대부분의 경우 어떤 식으로든 그룹의 강점이나 자랑거리를 노출하고 마는데 그런 유혹을 다 참는 것을 보면 내공이 정말 강한 기업이라는 생각이 듭니다. ==남들이 만들어놓은 결과를 보면 당연한 것 같지만 광고 캠페인 속에는 수많은 고민과 갈등, 의사결정이 담겨 있습니다.==

'사람이 미래다' 슬로건도 참 좋습니다. 미래가 어떻게 펼쳐질지는 사람의 경쟁력에 달려 있고, 그것은 역시 젊은 인재들의 몫이니까요. 그런데 이와 비슷한 이야기를 어디선가 들어본 것 같지 않나요?

SK그룹의 전신은 선경그룹입니다. SK텔레콤을 인수하기 전 선경그룹의 규모는 지금보다 작았습니다. 하지만 기업 선호도는 그룹 규모보다 높았습니다. 거기에는 당시 MBC에서 방송한 인기 프로그램 〈장학퀴즈〉 후원의 효과도 컸다고 생각합니다. 선경그룹의 광고 테마는 '사람이 자원인 나라. 그 사람을 키우는 기업, 선경'이었습니다. 〈장학퀴즈〉를 후원해서 좋은 평판을 갖고 있던 그룹에 딱 맞는 테마이지요. 광고 반응도 좋았던 것으로 기억합니다. 그런데 이와 비슷한 이야기가 또 있었습니다.

삼성그룹 창업자 이병철 회장이 주장한 3대 경영 이념 중 하나가 '인재 제일'이었습니다. 광고를 적극적으로 한 것은 아니었지만 많은 사람들이 아는 내용이었고, 실제로 삼성은 우수한 인재를 많이 길러내고, 이들이 사회 각 분야에 진출해 '인재사관학교'로 불리기도 했습니다. 사람을 중요하게 여긴다는 면에서 보면 앞의 이야기들과 일맥상통합니

1등 기업의 광고
2등 기업의 광고 ───

다. 커다란 생각의 범주로 보자면 겹치는 얘기들이 있는 것은 어찌 보면 당연한 일입니다.

==삼성이 그 테마에 집중하지 않은 사이에 시간이 흘러서 선경그룹이 그 테마의 주인공이 되었습니다. 또 선경그룹이 그 테마에 집중하지 않은 사이에 시간이 흘러서 두산이 그 테마의 주인공이 되었습니다. 두산이 언젠가 그 테마를 버리고 시간이 흐르면 누군가가 그 테마의 주인공이 되겠지요. 이렇게 주인이 집을 비우고 시간이 흐르면 그 집의 주인은 자연스레 바뀌게 됩니다.==

그러니까 어떤 테마를 잡고 싶으면 두 가지를 생각해보면 됩니다. 그 테마의 기존 주인이 있는가. 주인이 있더라도 집을 비운 지 오래됐는가. 또 다른 각도에서도 생각해봐야겠지요. 어렵게 잡은 테마를 쉽게 버리면 안 된다, 내가 버리면 다른 사람이 가져가게 되어 있다는 것을 말입니다.

남의 떡이 커 보인다

지금까지 광고주에게 많이 들은 이야기 중 하나는 "남의 광고는 긴 것 같은데, 우리 광고는 유독 짧게 느껴진다"는 겁니다. "공부도 집중을 하면 시간이 짧게 느껴지는 법이다. 우리 광고라서 집중을 하니 짧게 느껴지는 게 당연하다." 이렇게 대답을 하지만 "남의 광고는 소리가 잘 들리는데, 우리 광고는 소리가 작은 것 같다"는 대목에서는 말문이 막힙니다. "소리를 잘 체크해보고, 문제가 있으면 다시 조정하겠다"라고 대답하지만, 사실 방송국에서 일정하게 소리 레벨을 조정하는데 우리 것만 작게 할 리는 없지요. 진실은 '남의 떡이 커 보인다'입니다.

충분히 이해가 됩니다. 연구실에서, 생산 공장에서, 영업 현장에서 어렵게 번 돈을 쪼개서 거금을 들여 광고를 하는데 마음이 편안하다면 그것도 이상한 일이지요. 왠지 우리 광고는 시간이 더 짧은 것 같고, 소리도 더 작은 것 같고…… 당연한 반응입니다.

어찌 보면 이렇게 작은 부분에서 남의 떡이 커 보이는 것은 별 문제가 아닙니다. 정말 문제가 되는 것은 내 광고의 중심을 잃고 남의 광고를 곁눈질하는 것입니다. 이유는 다양합니다. 경쟁사 광고에서는 빅모델을 썼던데 우리도 그래야 하는 것 아닌가, 그 광고는 노래를 하니까 귀에 쏙 들어오더라, 제품의 강점을 구체적으로 이야기하니까 괜찮게 보이더라, 남들은 15초짜리 광고를 하는데 우리는 30초 광고를 하니까 노출빈도가 절반밖에 안 되는 것 아닌가 등등.

그런데 한번 생각해봅시다. 앞서 거론한 경쟁사에서는 아무 걱정이 없을까요. 아마 그들도 나름대로 걱정을 하고 있을 겁니다. 빅모델에만 의존해서 우리 브랜드가 묻히는 것 아닐까, 경쟁사는 브랜드가 잘 부각되는 것 같던데, 노래가 인기를 끄는 것은 다행이지만 브랜드가 좀 가볍게 느껴지지 않을까, 특장점 한 가지에만 집중하면 이미지 형성이 안 되는 것 아닐까, 단순히 노출 빈도만 높이면 되는 건가, 경쟁사는 30초 광고를 하니 메시지 전달도 잘되고 좋던데…… 이렇게 경쟁사와는 전혀 상반된 고민들입니다.

이런 일은 광고의 중심을 잃거나 잊어버렸기 때문입니다. ==광고물은 전략의 산물입니다. 전략은 그 브랜드가 처한 상황, 그 브랜드가 당면한 문제를 해결하기 위해 연구되고 준비된 것입니다.== 어떤 브랜드는 인지도를 빠르게 올려야 해서 빅모델을 씁니다. 어떤 브랜드는 브랜드

1등 기업의 광고
2등 기업의 광고

스토리를 잘 전달하기 위해 30초 광고만 합니다. 어떤 브랜드는 브랜드 이미지를 고급스럽게 만들길 원합니다. 어떤 브랜드는 경쾌한 이미지를 원합니다. 어떤 브랜드는 앞서가고 있는 경쟁사를 따라잡기 위해 제품의 특장점 하나를 강하게 부각시킵니다. 어떤 브랜드는 1위 자리를 지키기 위해 카테고리 전체의 이야기를 합니다. 광고물에는 그런 전략이 담겨 있는 것입니다. 따라서 우리의 전략적 기조를 잊어버리고 경쟁사의 광고를 곁눈질하고, 심지어는 그들을 따라한다면, 가장 좋아할 사람은 경쟁사입니다.

문제의 본질

저도 전해들은 이야기라서 팩트가 정확한지는 잘 모르겠습니다. 하지만 광고, 마케팅을 하는 사람들에게 의미 있는 이야기라 옮겨보겠습니다.

어느 날 NASA(미국항공우주국) 직원에게 이런 지시가 내려왔답니다. "무중력 상태인 우주 공간에서도 쓸 수 있는 볼펜을 만들어라." 볼펜은 중력에 의해 흘러내린 잉크가 볼에 묻어 나오는 원리이기 때문에 무중력 상태에서는 글씨를 쓸 수가 없었던 것이죠. 최첨단 기술의 자존심으로 똘똘 뭉친 NASA 직원들이 얼마나 머리를 썼겠습니까. 오랜 연구 끝에 100만 달러가 넘는 돈을 들여 무중력 상태에서도 글을 쓸 수 있는 볼펜을 개발했답니다. 그 볼펜을 들고 올라간 우주인들이 러시아 우주인들을 만났습니다. 동서 화합을 목적으로 러시아의 우

1등 기업의 광고
2등 기업의 광고

주비행장에서 미국 우주선이 도킹하는 이벤트가 있었기 때문입니다. NASA 연구원들은 미국 우주비행사에게 러시아 우주비행사가 쓰는 볼펜은 어떤지를 알아봐달라고 부탁했습니다. 미국 우주비행사가 보낸 회신은 다음과 같습니다. "그들은 그냥…… 연필을 쓰더군요."

혹시 우리도 광고하면서 이런 우를 범하고 있지는 않을까요. 브랜드가 처한 문제를 해결하는 방법이 꼭 광고일 필요는 없을 것입니다. 그런데도 우리는 광고라는 것만 생각하는 것은 아닌지……. 광고 중에서도 TV 광고가 반드시 최적의 방법은 아닐 수도 있습니다. 그런데도 TV 광고가 일단 기본이라고 생각하고 있지는 않은지……. 혹시 마케팅에서도 그렇지는 않을까요? ==문제 해결보다는 방법에 더 초점을 맞춰 '역시 이런 경우에는 이런 방법을 써야 해. 그래야 안전하지'라고 스스로 한계를 두는 것은 아닌지…….==

문제 해결에 초점을 두지 않고 방법에 초점을 두면 기존의 방법에서 맴돌 수밖에 없습니다. 제가 듣기로는 건물 밖으로 노출된 누드 엘리베이터는 '기존 건물 내부를 허물지 않고 엘리베이터를 설치할 수는 없을까'라는 고민에서 나왔다고 합니다. 만약 적은 비용으로 건물 내부를 허무는 방법을 찾았다면 누드 엘리베이터 아이디어는 나오지 못했을 것입니다.

문제의 본질을 정확히 파악해서 성공의 발판을 다진 사례도 있습니다. 고(故) 정주영 현대그룹 회장의 이야기입니다. 1952년 12월 미국 아이젠하워 대통령이 한국을 방문하는데, 일정 중에 부산의 유엔군 묘지를 참배하는 행사가 있었습니다. 당시는 한겨울이라 묘지가 황량한 상태였는데, 이런 모습을 대통령에게 보여줄 수 없었던 미군은 파란 잔디를 깔아달라고 요구했습니다. 공사를 수주한 젊은 정주영 사장은 할 수 있다고 큰소리를 쳤지요. 그러고는 낙동강 옆 보리밭을 사서, 새파랗게 자란 보리를 통째로 30대의 트럭으로 옮겨 심어 단 5일 만에 묘지를 녹색으로 단장했습니다. 미군은 대만족을 했고, 당초 약속한 공사비의 3배를 지불하였습니다. 그 후 미군 공사는 정주영 사장의 독무대가 되었답니다.

여기서 문제의 본질은 잔디밭이 아니라, 녹색으로 단장한 묘지의 모습입니다. 다른 사람들은 한겨울의 잔디밭을 생각했지만, 당시 정주영 사장은 '그들이 원하는 것은 녹색의 묘지'라는 문제의 본질에 집중한 것이지요. 물론 겨울이 지난 후 본격적으로 잔디 공사를 했겠지요.

한 광고계 선배가 이런 이야기를 했습니다. "온 종일 생각해도 같은 위치, 같은 시선이라면 아무것도 달라지지 않는다." 혹시라도 문제의 본질을 생각하지 않고 같은 자리를 맴돌고 있는 것은 아닌지, 나 자신에게 물어봅니다.

소비자 조사의 맹점

광고 기획을 하다 보면 소비자 조사를 하는 경우가 많습니다. 조사 기법도 다양합니다. 수백 명 규모의 소비자를 대상으로 설문조사를 실시하는 정량조사도 있고, 소비자 여러 명을 모아놓고 좌담회 형식으로 심층적인 질문을 하는 정성조사도 있습니다. 직접 설문지를 들고 만나는 면접조사도 있고, 인터넷을 활용해 조사를 하기도 합니다. 광고물에 대한 의견을 들을 때에는 태블릿 PC를 활용하기도 하고, 인터넷을 통해 보여주는 방법도 씁니다. 광고주들도 막연히 '감'에 의존하는 것보다는 정확한 데이터가 뒷받침되는 소비자 조사에 근거를 둔 광고 기획과 크리에이티브를 더 높게 평가하게 마련입니다.

그런데 소비자 조사가 소비자의 마음을 100퍼센트 제대로 반영하지 못하는 경우가 많습니다. 거기에는 몇 가지 이유가 있습니다.

첫째, 소비자들은 자신이 조사 대상이 되었다고 생각하는 순간부터 평가적인 태도를 취하기 때문입니다. 사실 소비자의 행동은 매 순간 이성적이지도 않고, 여러 가지 근거를 갖고 논리적으로 판단하지도 않습니다. 그런데 조사를 한다고 하면 특별히 생각해본 적이 없는 것을 생각하면서 평가를 하려고 합니다. 막연히 괜찮다고 느끼던 것들도 하나하나 뜯어보면서 평가를 하려고 애씁니다. 왜냐하면 누구나 똑똑해 보이고 싶어하기 때문입니다. 그 결과 소비자의 행동이 제대로 반영되지 않을 우려가 있습니다.

둘째, 규범적 응답을 할 가능성이 있기 때문입니다. 익명성을 보장한다고는 하지만 면접조사의 경우 면접원과 대면을 하는 상황입니다. 인터넷 조사의 경우도 조사 패널로 등록되어 있는 경우가 많기 때문에 왠지 자신이 노출되는 느낌을 가질 수 있습니다. 이런 경우 사람들은 기본적으로 사회 통념 혹은 사회에서 바람직하게 여기는 가치에 맞게 응답할 가능성이 있습니다. 그래야 중간은 간다는 인식이 있기 때문입니다.

셋째, 심층적인 내용을 알아보기 위해서 소비자 좌담회를 하는 경우, 한두 명의 참석자가 전체 분위기를 주도하면서 조사 결과를 왜곡할 수 있기 때문입니다. 목소리 큰 사람이 강력하게 의견을 내면 '남들은 다 저렇게 생각하나 보다' 하는 생각도 들고, 특별히 반대 의견을 내놓을 필요를 느끼지 못해 맞장구를 치거나 소극적으로 동조하는 분위기로 흘러갈 수 있습니다.

==광고물에 대한 의견 정도라면 다소 왜곡이 되어도 큰 문제라고 할 수는 없겠지만, 잘못된 소비자 조사에 근거한 의사결정이 비즈니스를 위기로 몰아간 경우도 많습니다.== 코카콜라에 큰 재앙을 일으킬 뻔했던 뉴코크 사례가 대표적입니다. 펩시 챌린지의 영향으로 시장점유율이 하락한 코카콜라는 무려 19만 명이 넘는 소비자를 대상으로 맛 테스트를 거쳐 기존의 코카콜라와 펩시콜라보다 맛이 좋다고 평가받은 신제품 뉴코크를 출시했습니다. 조사대로라면 소비자의 반응이 당연히 긍정적으로 나와야겠지만 기존 코카콜라를 선호하는 소비자들이 반발하는 상황에 직면했습니다. 소비자들은 뉴코크를 외면했고, 결국 몇 달 만에 기존 코카콜라를 클래식이라는 이름으로 다시 출시하게 되었습니다.

왜 이런 결과가 나왔을까요. 기본적으로 조사가 잘못되었기 때문입니다. 사람들은 콜라를 고를 때 브랜드를 가린 상태에서 집지 않습니다. 시장에서 열위인 펩시콜라에게는 편견을 버리고 맛으로 평가해달라는 펩시 챌린지 방법이 맞지만, 우위 브랜드인 코카콜라는 그럴 필요가 없습니다. 코카콜라는 단순히 시원하고 톡 쏘는 검은 물이 아니라, 코카콜라라는 브랜드와 결합한 어떤 상징이기 때문에 브랜드를 가린 상태에서 평가하는 것은 의미가 없습니다.

맥도날드도 소비자 조사로 인해 곤란을 겪은 적이 있습니다. 소비자들에게 물어보니 햄버거에 기름기가 적었으면 좋겠다고 해서 '맥린'이라는 제품을 개발했습니다. 그렇지만 사람들은 여전히 빅맥을 더 선호했습니다. 사실 소비자 조사에서 의견을 물어보면 누구라도 기름기가 적었으면 좋겠다고 답할 가능성이 높습니다. 사회 통념상 기름기가 많은 음식을 좋아하는 것은 바람직하지 않으니까요. 하지만 기름기가 그렇게 싫다면 건강 식품을 사먹지 왜 햄버거를 사먹겠습니까.

우리나라에서도 황당한 사건이 있었습니다. 여성 잡지들에 대해서 의견을 물어보면 부정적인 답변이 많이 나옵니다. 선정적이다, 루머를 확대 재생산한다, 연예인 스캔들에만 집중하는 것이 지겹다 등등. 그래서 그런 소비자들의 의견을 반영해서 無섹스, 無스캔들, 無루머를 내세운 《마리안느》라는 잡지가 창간되었습니다. 결과는 어땠을까요. 창간 17호 만에 부도를 맞는 안타까운 일이 벌어졌습니다. 여성 잡지에 소비자들이 기대하는 것은 무슨 대단한 교양이나 지식이 아닙니다. 그런 욕구를 충족하고 싶다면 따로 교양 서적을 사서 읽었겠지요. 소비자들이 규범적으로 응답한 것을 그대로 받아들였다가 이런 안타까운 결과를 빚은 것입니다.

그래서 저는 늘 얘기합니다. "소비자 조사, 하면 물론 좋지요. 하지만 잘해야 하고 잘 읽어야 합니다."

1등 기업의 광고
2등 기업의 광고

균형이론

　　　　　　　　　　　소탈한 이미지로 많은 사랑을 받던 방송인 강호동이 수억 원의 탈세를 해서 국세청으로부터 추징을 당했다는 기사가 나와 충격을 준 적이 있었습니다. 개인적인 생각으로는 그만한 인기가 있고, 이미지를 관리해야 하는 연예인이 직접 탈세를 의도했다고는 생각하지 않습니다. 그가 해명한 대로 세무 전문가에게 의뢰했는데 처리가 잘못된 게 아닌가 생각합니다. 하지만 사람들이 더욱 놀란 것은 연 수입이 300억 원이라는 기사였습니다. 물론 아무리 많아도 연 30억 원이라는 즉각적인 해명이 나왔지만, 30억이라는 숫자도 입이 떡 벌어지기는 마찬가지입니다.

　　정상급 연예인의 수입 중에 상당 부분을 차지하는 것이 광고 모델비입니다. TV에 얼굴이 좀 나왔다 싶으면 바로 억 단위가 되고, 극히 일부지만 최정상급의 경우 연간 계약에 10억 원까지 받는다는 소문이 돕니다. 현빈도 드라마가 크게 히트한 후 광고 계약이 엄청나게 몰렸다는 이야기가 있었습니다. 심지어 군입대를 한 지 한참 되었는데도 이전에 찍어놓은 장면들을 활용해서 광고를 계속 내보내기도 했습니다. 스포츠 스타 중에서는 김연아의 인기가 단연 돋보입니다. 많이 출연하다 보니 연기도 매우 자연스러워졌고, 실제로 매출 증가 효과도 크다는 기사가 여러 번 실렸습니다. 떠오르는 스타인 손연재의 인기도 매우 높지요. 전자제품부터 운동화까지 모델을 하고 있는 업종도 넓습니다. 빅모델은 워낙 스케줄이 바쁠 수밖에 없으니, 광고업계에서는 "정작 돈은 광고로 버는데, 광고 촬영 스케줄에는 왜 이리 인색하냐"는 불만의 목소리가 나오기도 합니다.

도대체 왜 이렇게 모델비가 비싼 것일까요. 빅모델은 정말 그만한 값어치를 할까요. 모델은 꼭 필요한 것일까요. 일반인뿐만 아니라 광고주도 품는 의문이고, 따라서 광고하는 사람이라면 한 번쯤은 받아본 질문일 겁니다.

그럼 여기서 모델의 메커니즘을 한번 살펴보겠습니다. 광고에서 모델을 기용하는 이유는 다양합니다. 먼저 권위적 기능이 있습니다. 모델이 가진 권위를 활용해서 특정 분야의 전문가나 교수, 사회 저명인사가 제품을 추천하는 메시지를 보내는 경우가 있습니다. 두 번째는 동일시 기능입니다. 광고 시청자가 자신의 이야기라고 느낄 수 있도록 일반 모델이나 일반인이 나오는 경우에 해당합니다. 세 번째는 전이적

기능입니다. 브랜드 이미지 변화를 위해 기존에 잘 구축되어 있는 모델의 이미지를 활용하는 것입니다. 예를 들어 조금 촌스러운 이미지로 평가받는 브랜드가 이미지를 개선하기 위해 세련된 이미지의 모델을 기용하거나, 다소 대중적인 브랜드가 프리미엄 브랜드로 업그레이드하기 위해 프리미엄 이미지가 강한 모델을 사용하는 경우입니다. 마지막으로 인기인 기능입니다. 연예인이나 운동선수 등 인기인이 가진 매력을 활용하여 브랜드에 호감을 갖도록 하는 방법입니다.

앞의 두 가지 기능은 인기 연예인에게는 해당 사항이 별로 없고, 뒤의 두 가지 기능이 인기 연예인에게 해당합니다. 우리나라는 특히 스포츠 스타를 포함한 유명인 모델의 출연 비율이 높습니다. 연구 결과에 따르면 국내 광고 모델의 57~60퍼센트가 유명인이라고 합니다. 25퍼센트 미만인 미국에 비해 매우 높은 비율입니다. 여기에는 두 가지 이유가 있을 것입니다.

첫째, 사람들이 익히 알고 있는 유명인 모델을 쓰게 되면 광고하는 회사가 탄탄한 기업이라는 인상을 주게 되고, 따라서 신뢰감을 심어주기 때문입니다. 특히 잘 알려지지 않은 회사나 신생 회사일수록 이런 효과가 크다고 할 수 있습니다.

둘째, 우리나라는 미국과 같이 다인종, 다민족 사회가 아닙니다. 물론 요즈음은 다문화 사회 캠페인도 많이 하고 있지만 기본적으로는 단일 민족, 단일 문화입니다. 따라서 공감의 폭이 매우 넓고 문화적 맥락에 대한 공유가 강한 사회라고 할 수 있습니다. 특정 유명인에 대한 심정적 공감대도 높은 편이어서 이런 결과가 나타나는 것이 아닌가 합니다.

이러한 이유들 말고 모델 효과를 설명하는 가장 기본적인 이론은 균형이론입니다. 사람들은 기본적으로 불균형 상태를 싫어합니다. 뭔가 어색하고 불편한 상황을 좋아할 사람은 없겠죠. 그래서 이런 심리를 모델 전략에 이용하는 겁니다.

여기서 관찰자는 소비자, 다른 사람은 모델, 대상물은 광고 제품으로 생각하면 됩니다. 소비자가 모델도 좋아하고, 제품도 좋아한다면 아무런 문제가 없겠지요. 그런데 모델에 대한 생각과 제품에 대한 생각이 다르면 불균형 상태가 발생합니다.

예를 들어 모델은 좋아하는 연예인인데 제품은 좋아하는 제품이 아닙니다. 이렇게 되면 소비자는 마음속으로 불균형을 느끼고 불편해집니다. 그래서 모델을 좋아하는 마음이 더 강하면 제품도 좋아하는 쪽으로 마음을 바꿉니다. 반면 제품을 좋아하지 않는 마음이 더 강하면

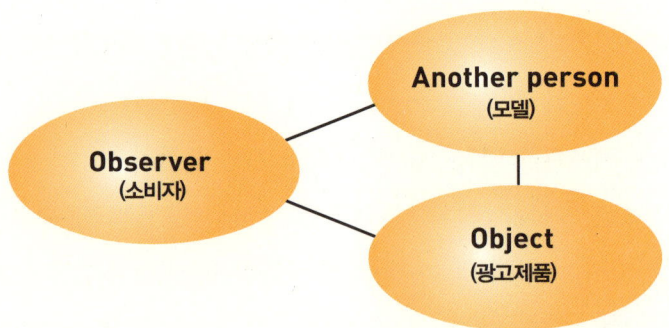

==모델도 싫어하는 쪽으로 마음을 바꾸거나, 적어도 '아니, 왜 이런 제품까지 모델을 하고 그래?' 하면서 모델이 한번 실수한 것으로 마음을 정합니다.== 반면 모델은 안 좋아하지만 제품은 좋아하는 경우에는 모델을 싫어하는 마음이 더 강하면 제품까지 싫어하는 쪽으로 마음을 돌리고, 그래도 제품을 좋아하는 마음이 강하면 모델 선택을 잘못한 것으로 마음을 정합니다.

따라서 광고주와 광고회사 입장에서는 제품을 좋아하지 않는 마음까지 돌릴 수 있는 강력한 파워를 가진 모델을 선호할 수밖에 없습니다. 그런 강력한 파워를 가진 모델은 희소할 수밖에 없고, 더구나 연령과 상관없이 누구나 좋아하는 모델은 더더욱 드뭅니다. 따라서 이런 빅모델의 몸값은 천정부지로 올라갈 수밖에 없지요. 이런 빅모델을 기용할 형편이 아니라면 적어도 제품을 좋아하는 마음마저 가시게 하지 않을 정도의 모델은 기용해야겠지요. 어정쩡한 상황이라면 차라리 모델을 쓰지 않거나 일반인 또는 일반 모델을 쓰는 것이 더 나을 수도 있습니다.

앞서 했던 질문들에 답을 해보자면 모델비가 비싼 이유는 말씀드렸고, 빅모델은 제품과의 연관성만 잘 찾는다면 대부분 값어치를 한다고 볼 수 있습니다. 하지만 모델이 반드시 필요하다고 말할 수는 없습니다. 경우에 따라서는 모델을 쓰지 않거나 일반인 또는 일반 모델을 쓰는 것이 제품에 집중하는 효과를 가져올 수 있습니다.

'뱀파이어 효과'라는 말이 있습니다. 광고 효과를 보려고 모델을 기용했는데, 모델만 기억나고 정작 제품이나 브랜드는 기억나지 않는 경우를 말합니다. 기껏 큰맘먹고 비싼 돈 들였는데 브랜드는 뒷전으로 밀리면 참 억울한 노릇이지요.

그래서 광고하는 사람들은 오늘도 갈등합니다. 광고 효과가 확실한 빅모델을 쓸까? 그러다가 모델만 살고 브랜드는 기억도 안 나면 어떡하지?

답은 하나입니다. 여유가 있으면 모델을 쓰십시오. 하지만 철저히 브랜드를 위해, 꼭 전해야 하는 메시지를 위해 모델을 써야 합니다. 잠깐의 화제만을 위해서, 또는 단순히 광고를 띄우기 위해서만 모델을 써서는 안 됩니다. 그 진실은 사실 광고인들의 마음속에 있습니다.

3장

광고는 '다름'이다

광고를 다른 말로 표현하자면 "맞는 얘기를 남다른 방법으로 하는 것이다"라고 말한 선배님이 있습니다. 광고의 본질을 꿰뚫은 표현이라고 생각합니다. 광고회사 회의실마다 넘쳐나는 단어가 '다름'입니다. 다름에 살고 다름에 죽습니다. 다름은 광고인의 숙명입니다. 다르지 않으면 주목받지 못하고, 주목받지 못하면 생명력을 잃는 것이 광고이기 때문입니다.

다름은 단순히 광고 크리에이티브에만 해당하지 않습니다. 자료 수집부터 전략 수립, 광고물 제작, 소비자에게 전달하는 방법, 심지어 예산 집행까지 광고의 모든 영역에서 다름이 있어야 합니다. 3장에서는 여러 방면에서 다름을 이루어낸 사례들을 중심으로 이야기를 풀어보겠습니다.

도대체 광고란 무엇인가

                    2011년 대한민국 광고대상에서 프로모션 부문 수상작은 박찬욱, 박찬경 형제 감독과 KT의 합작품인 '세계 최초 아이폰으로 영화 촬영 프로젝트'였습니다. 아이폰4의 압도적인 성능을 남다른 방법으로 보여주기 위해 고안해낸 프로젝트였습니다. 단순히 홍보 효과만을 노린 프로젝트가 아니라 러닝타임 30분, 오광록과 이정현을 주연배우로 기용하여 제대로 만든 단편영화였습니다. 극장 개봉도 했고 심지어 베를린 영화제 단편영화 부문 황금곰상을 수상하는 쾌거를 이루기도 했습니다.
  이 프로젝트를 이용한 KT 광고에서는 박찬욱 감독이 모델로 출연해 그동안 많은 영화 거장들도 못했던 일을 해보겠다는 의지를 다지고, 다음 광고에서는 실제 완성된 영화가 개봉된다는 소식을 알립니다. 영화와 광고의 시너지를 제대로 발휘한 프로젝트로 많은 주목을 끌었습니다.

이 프로젝트의 성공에 영향을 받았는지는 모르지만 2013년 코오롱스포츠는 브랜드 40주년 기념으로 'Way to Nature Project: 청출어람'을 선보입니다. 역시 박찬욱, 박찬경 형제 감독이 만든 러닝타임 18분짜리 단편영화로, 송강호가 주연배우로 출연했습니다. 'Way to Nature'는 코오롱스포츠의 브랜드 슬로건 'Your Best Way to Nature'에서 따온 말입니다.

이 대목에서 우리는 도대체 이런 활동들은 광고인지 아닌지, 광고란 무엇인지, 광고는 어떻게 정의할 수 있는가에 대한 의문을 갖게 됩니다. 우리가 알고 있는 광고의 정의는 이렇습니다. "명시된 광고주가 대중매체를 이용해 청중을 설득하거나 영향력을 행사하려고 하는 유료의 비대인적 커뮤니케이션의 한 형태." 여기서 키워드는 광고주, 유료, 비대인적 커뮤니케이션입니다. 광고학 개론에서는 이러한 정의를 기준으로 학생들에게 이야기합니다.

그런데 현장에서 일하다 보면 광고인은 많은 혼란을 겪게 됩니다. 도대체 어디까지가 광고이고, 어느 것은 광고가 아닌지? 한번 생각해봅시다. 유튜브에 올린 동영상은 광고입니까, 아닙니까? 광고일 수도 있고 아닐 수도 있습니다. 유튜브에 일정한 돈을 지불하고 브랜드 페이지를 개설하고 동영상을 노출하거나, 로딩 광고를 집행한다면 앞의 정의를 기준으로 볼 때, 광고가 맞습니다. 하지만 별도의 돈을 지불하지

않고 올렸다면 광고가 아닙니다. 앞서 얘기한 두 개의 프로젝트 동영상도 유튜브에 노출한 것만으로는 광고의 정의에 해당하지 않습니다. 그렇지만 우리는 그 동영상이 광고의 목적을 갖고 있다고 생각합니다.

요즈음은 광고와 PR의 경계도 애매해졌습니다. 기사자료 배포 외에도 다양한 PR용 이벤트가 펼쳐지고, 거기서 동영상들이 생성됩니다. 그것들은 광고일까요, 아닐까요? 기존의 정의로는 쉽게 재단하기 어렵습니다. 이런 일이 매일 일어나고 있습니다.

시대의 변화 속에서 광고의 정의도 바뀌어갑니다. 미디어의 변화, 그리고 미디어를 활용하는 방법의 변화에 따라 광고의 정의도 바뀌어야 합니다. 하지만 본질은 바뀌지 않을 것이라 생각합니다. 광고는 한자로 '廣告'입니다. '널리 알림'이 광고의 본질입니다. 수단과 방법을 떠나서 브랜드와 브랜드가 지닌 생각, 태도, 관심에 대해 '널리 알림'을 전제로 한 행위라면 모두 '광고'입니다.

이런 저의 의견에 대해 어떻게 생각하십니까? PR하시는 분이라면 싫어할지도 모르겠습니다. 모두의 지혜와 의견, 그리고 토론이 필요한 시점인 것 같습니다.

콘텐츠인가, 광고인가

실현 불가 주문을 외우는 그대는 사장인가, 제사장인가?
책임질 일에는 나 몰라라 하는 그대는 이사인가 남이사인가?
일만 받으면 끌어안고 묵히는 그대는 국장인가, 청국장인가?
침 튀기며 설교만 하는 그대는 차장인가, 세차장인가?
신입 때 두 달 연속 밤샜다는 그대는 과장인가, 극과장인가?
밥만 먹으면 방전되는 그대는 대리인가, 밧데리인가?
사사건건 감시하고 고자질하는 그대는 사원인가, 감사원인가?
보내버리고 싶은 그들에게 추천하라. 잡코리아.

무려 7편. 회사 직급을 활용한 절묘한 언어유희. 직장 생활의 단면을 재미있게 과장하면서도 누구나 공감할 수 있는 TV 광고들입니다.

카피 재미있고, 연출 재미있고, 돈도 많이 안 들이고 아이디어로 승부하는 광고입니다. 제가 좋아하는 광고이지만 저는 여기서 또 다른 단면과 가능성을 봅니다.

저는 이미 '광고를 콘텐츠로 소비하는 시대'가 되었다고 봅니다. ==광고주가 상업적 메시지를 던지면, 소비자는 그것을 수용할지 말지를 결정하는 수동적인 방식에 머물지 않고 광고를 내가 즐길 수 있는 콘텐츠 중 하나로 생각하고 적극적으로 소비합니다.== 입소문이 나면 인터넷에서 광고를 찾아보고, 재미있으면 자기 블로그에 올리거나 페이스북을 활용해서 지인들에게 전파합니다. 이런 소비자를 저는 '광고 오피니언 리더'라고 부릅니다. 아무튼 이렇게 되면 광고주 입장에서는 콘텐츠를 잘 만들면 광고 매체비가 조금 부족하더라도 그 불리함을 극복할 수 있는 가능성이 생깁니다. 물론 '조금' 부족한 경우입니다.

아직까지 가장 침투력이 높은 광고 매체는 TV입니다. 터무니없이 적은 예산을 TV에 투입하거나 아예 하지 않는 경우에는 아무래도 효과를 보기 어렵습니다. 일부 광고주들은 "TV 광고의 시대는 갔다"는 자극적인 말을 크게 받아들여서 TV를 전혀 사용하지 않고 인터넷만으로 대박을 칠 아이템을 찾아달라고 요청하는데 그건 이길 확률이 너무 낮은 게임입니다. "싸이의 〈강남스타일〉이 TV 광고를 한 것은 아니지 않습니까"라고 반론을 할 수는 있겠지만, 노골적이든 암묵적이든 브랜드 홍보를 목적으로 하는 콘텐츠와 지명도 있는 가수가 만든 엔터테인먼트 콘텐츠를 수평 비교하는 것은 적절하지 않다고 봅니다.

적어도 TV 광고가 도화선 역할을 해주어야 합니다. 아무튼 콘텐츠를 잘 만들면 소비자의 콘텐츠 소비행동을 유발해서 적은 광고비로도 효과를 낼 수 있는 가능성이 보입니다. 현대카드가 만든 '옆길로새' 프로젝트는 TV 광고와 결합한 결과, 유튜브 조회 수만 500만 건을 넘어 기네스북으로부터 한국 기업이 만든 콘텐츠 가운데 조회 수 1위로 인정받는 흥행을 기록한 바 있습니다.

세계 1위의 검색엔진은 구글입니다. 그럼 2위 검색엔진은 야후일까요? 아닙니다. 세계 2위의 검색엔진은 유튜브입니다. 유튜브에는 자발적으로 업로드한 동영상과 기업에서 상업적 목적으로 만든 동영상이 혼재되어 있습니다. 하지만 사람들은 별로 개의치 않는 것으로 보입니다. 그 콘텐츠가 재미있거나 감동적이거나 유익하다고 느끼면 누가 만들었는지는 굳이 따지지 않습니다. 그래서 매체비가 적은 광고주는 좋은 동영상 콘텐츠를 만들어 유튜브와 TV 광고를 적절하게 섞어 활용하면 더 높은 효과를 기대할 수 있습니다.

1등 기업의 광고
2등 기업의 광고

Manifesto

몇 년 전 타계한 스티브 잡스. 천재성과 괴팍함을 동시에 지닌, 열렬한 지지자도 많지만 보통 사람들이 쉽게 이해할 수 없는 행동도 서슴지 않았던 사람. 그의 철학을 한마디로 요약한다면 'Think Different'라고 할 수 있습니다. 'Think Different'는 애플의 광고 캠페인이자 애플과 스티브 잡스의 정신을 담은 슬로건입니다. 'Think Different' 캠페인의 시작을 알렸던 TV 광고가 있습니다.

미치광이들에게 바치는 헌사
부적응자들. 반역자들. 말썽꾼들
네모난 구멍에 들어가려는 둥근 못들

사물을 다르게 보는 사람들

그들은 규정을 좋아하지 않는다.

그리고 그들은 현상 유지에 관심이 없다.

당신은 그들을 칭찬하거나, 반박하거나, 인용하거나,

불신하거나, 찬양하거나, 비방할 수 있다.

당신이 할 수 없는 유일한 것은 그들을 무시하는 것이다.

왜냐하면 그들은 세상을 바꾸기 때문이다.

그들은 발명한다. 그들은 상상한다. 그들은 치료한다.

그들은 탐험한다. 그들은 창조한다. 그들은 영감을 불어넣는다.

그들은 인류를 진전시킨다.

어쩌면 그들은 미칠 수밖에 없는지도 모른다.

그렇지 않으면 어떻게 빈 캔버스에서 예술을 보겠는가.

아니면 고요 속에서 한 번도 쓰인 적이 없는 음악을 듣겠는가.

아니면 붉은 행성을 응시하며 바퀴 달린 실험실을 상상하겠는가.

우리는 이들을 위한 도구를 만든다.

다른 이들은 이들을 미쳤다고 하지만, 우리는 그들을 천재라 부른다.

왜냐하면 세상을 바꿀 수 있다고 생각하는 미치광이들이

실제로 세상을 바꾸어가는 사람들이기 때문이다.

Think Different.

알베르트 아인슈타인, 마틴 루터 킹 목사, 존 레논, 무하마드 알리,

1등 기업의 광고
2등 기업의 광고 ────

간디, 마리아 칼라스, 파블로 피카소 등이 나오는 광고를 통해, 세상을 바꾸고 진보시키는 사람들은 '다르게 생각하는' 미치광이들이라는 메시지를 전달하고 있습니다. 'Think Different'는 단순한 광고 슬로건이 아니라 애플과 스티브 잡스의 철학을 압축한 강력한 선언이자 메시지입니다. Think Different 캠페인을 통해 애플은 뭔가 괴상하고 괴팍스러운 사람들만 사용하는 제품이라는 이미지에서 벗어나 당시 컴퓨터 업계의 주류를 차지하고 있던 IBM에 대항하는 진보적인 대안이라는 긍정적인 이미지를 갖게 되었습니다.

앞에서 언급한 TV 광고의 카피는 애플의 'manifesto'라 할 수 있습니다. manifesto는 선언 또는 선언문이라 할 수 있는데, 가장 유명한 것이 '공산당 선언'입니다. 브랜드의 manifesto는 그 브랜드가 가지고 있는 기본적인 생각과 주장을 정리한 문서라고 할 수 있습니다. 달리 말하면 브랜드 철학을 문서로 정리한 것이죠.

브랜드는 거칠게 말하자면 잘 팔아서 수익을 높이는 게 궁극적인 목적입니다. 기본적으로 상업성을 전제로 하고 있습니다. 하지만 그런 속내를 감추고 세상을 향해 '선언'을 하는 이유는 무엇일까요. ==사람들은 돈을 내고 제품을 사지만, 그것에만 만족하지 않습니다. 기왕이면 제품뿐만 아니라 제품과 관련한 꿈과 정신까지 같이 누리고 싶어합니다. 그래서 사람들은 그럴듯한 이야기를 좋아하고 또한 그럴듯한 이야기를 하는 브랜드를 좋아합니다.== 기왕이면 '나'를 표현해주는 제품을 사고 싶은 것이죠.

1등 기업의 광고
2등 기업의 광고 ─────

브랜드는 사람들에게 명분을 제공해야 합니다. 사람들의 동의를 얻은 브랜드는 사랑받는 브랜드가 되는 것이지요. 똑같은 물건이라도 정신이 담긴 것과 그렇지 않은 것은 대접이 달라지고 가치가 달라집니다. 브랜드의 존재 이유는 부가가치의 창출이라고 생각합니다. 만약 당신이 브랜드 매니저의 역할을 맡고 있다면, 그리고 당신이 광고를 담당하는 브랜드가 있다면 manifesto를 써보세요. 그리고 그것을 사람들에게 전달해보세요. 브랜드의 존재 이유가 더욱 명확해지고, 당신이 하는 일의 가치는 더욱 올라가고, 소비자로부터 더 많은 사랑을 받게 될 것입니다.

애플식 차별화

톱스타가 나오지 않습니다. 현란한 표현 기법도 없습니다. 시처럼 아름다운 카피를 말하지도 않습니다. 고춧가루 하나도 쓰지 않고 만든, 스님이 드시는 나물무침처럼 심심하기까지 합니다. 그런데 많은 사람들이 좋아합니다. 주목합니다. 그리고 우리도 이렇게 광고해보자고 말합니다. 바로 애플 광고입니다.

처음에는 아이폰만의 화상통화 기능인 페이스타임으로 세 편의 광고를 엮어냈습니다. 시집간 딸이 집들이 음식을 만들면서 친정엄마에게 묻습니다. 멀리 있는 남편에게 아내와 딸이 화상통화로 생일 축하를 합니다. 청각 장애가 있는 연인들이 수화로 아픈 것을 걱정해줍니다. 이렇게 마음을 움직이는 감동이 있습니다.

이어서 애플은 아이폰의 특장점을 하나씩 광고로 만들었습니다. 해

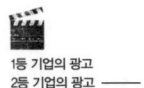
1등 기업의 광고
2등 기업의 광고

상도, 리튬폴리머 배터리, 앱스토어, 래티나 디스플레이, 멀티터치 인터페이스, 페이스타임, 무려 여섯 가지를 소재로 차분하게 아이폰의 장점을 이야기했습니다. 단지 기능만을 강조하지 않고 그 기능이 사람들에게 주는 의미를 이야기합니다. 배터리 용량이 좋기 때문에 더 오래 일하고 놀고 웃을 수 있다고 말합니다. 해상도가 높아 추억도 더 생생하고 아름다워진다고 말합니다. 페이스타임은 아이폰은 물론 맥, 아이패드와도 더 쉽게 통화할 수 있다는 장점을 이야기합니다. 제품의 장점을 낱낱이 뜯어 잘 소화한 다음, 의미를 붙여 전달하는 작업을 차분하게 전개했습니다. 그 결과 톱스타도 없고 큰 소리로 떠들지 않아도 사람들이 주목하는 광고가 되었습니다.

물론 한 가지 원칙을 지켰습니다. 메시지를 제대로 전달하기 위한 최소 시간이 필요하기 때문에 TV 광고는 30초 광고만 고집했습니다. 제품의 완성도에 대해 철저한 애플답게 광고에 사실을 담는 것에도 철저했습니다.

예를 들어 휴대폰 화면을 찍을 때에는 실제로 구동되는 화면은 별도로 찍어 합성하는 것이 일반적입니다. 왜냐하면 반사가 되어 화질이 조금 떨어질 수밖에 없기 때문이죠. 하지만 애플은 그조차도 거부하고 실제 휴대폰에서 구동되는 화면을 찍었다고 합니다. 조금 반사가 되더라도 그것이 진실을 담고 있기 때문입니다. 참 철저한 태도가 아닐 수 없습니다. 그런 철저한 태도가 오늘날의 애플을 만들었겠죠.

아이폰에 이어서 아이패드 광고가 나왔습니다. 'Seeing is believing.'

보면 믿게 된다는 뜻입니다. 아이패드로 할 수 있는 일이 무엇인지를 하나씩 짚어서 얘기해줍니다. 그것도 한 편이 아니라 두 편에 걸쳐서 말입니다. 요리, 공부, 음악, 능력, 라이브, 매거진, 풀사이즈, 가족, 매직, 메이킹, 프린팅, 의학, 아이디어, 멀티태스킹, 해석, 분석, 일렉트릭. 이것이 아이패드의 카피 내용입니다. '와, 저런 것도 되는구나. 재미있겠네. 나도 갖고 싶다.' 이런 반응이 절로 나오는 광고입니다.

아이패드2 광고부터는 조금 달라졌습니다. 기능을 보여주는 것은 같지만 거기에 해석을 조금 덧붙였습니다. '기술이 한 발 물러날 때 더 즐거워지고 놀라워지는 것. 그것이 곧 진보이고 새로운 결과를 만들어내는 것'이라는 메시지를 전달합니다. 음악가에겐 영감을 주는 도구이고, 의사에겐 혁신이고, CEO에겐 힘이고, 교사에겐 미래이고, 아이들에겐 신기한 세상이라는 의미를 얘기합니다. 그리고 마지막으로 신문을 시청하고, 잡지를 들을 수 있고, 영화를 보며 뒹굴 수 있고, 강의실을 데리고 다니고, 서재를 휴대하고, 통화를 볼 수 있고, 별을 만질 수 있다고 말합니다. 이는 모두 아이패드가 가져온 생활의 혁신입니다.

이런 일련의 광고를 통해서 애플은 또 하나의 광고 스타일을 보여주었습니다. 하나의 스타일, 하나의 류(流)로 자리 잡기까지는 오랜 시간과 많은 투자가 필요합니다. 그런데 가만히 생각해보면 애플 광고에서는 특이한 기법을 쓰는 표현상의 차별화는 없다고 해도 과언이 아닙니다.

여기서 생각해봅니다. ==차별화란 무엇입니까? 단순히 눈에 띄게 특이==

1등 기업의 광고
2등 기업의 광고 ———

==하게 만드는 것이 차별화일까요. 물론 그것도 차별화이겠지요. 하지만 더 큰 차별화가 있습니다. 바로 애플처럼 하나의 스타일을 만드는 것입니다.==

다른 광고주들 입에서 "애플 광고처럼 만들어줘"라는 말이 나오게 하는 것이지요. 물론 그렇게 되려면 일정 수준 이상의 광고 투자가 필요하긴 합니다. 하지만 꽤 많은 광고비를 들이는데도 광고 스타일이 계속 바뀌면서 축적되지 못하는 경우가 있음을 우리는 종종 보게 됩니다.

또 하나 얘기하고 싶은 것은 집요함입니다. 광고하는 사람 입장에서 보면 가장 편하고 쉬운 상황이 제품 자체에 차별적 팩트(fact)가 있는 경우입니다. 그 차별적 팩트는 바로 뉴스이고, 뉴스에는 힘이 있기 때문입니다.

하지만 많은 경우 차별적 팩트가 별로 없거나 매력적이지 않기 때문에 주장의 차별화를 꾀해야 합니다. 광고하는 입장에서는 가장 어려운 상황이지요. 애플은 물론 제품 자체가 뉴스메이커이고, 경쟁력이 있습니다. 하지만 적어도 커뮤니케이션에 있어서 그 팩트들을 집요하게 물고늘어지고, 의미를 부여하는 노력은 높게 평가하지 않을 수 없습니다. 또한 그 정도 자신이 있는 제품이라면 한번쯤 목소리를 높이고 싶을 만도 한데, 끝까지 차분하고 담백한 톤을 유지하는 것을 보면, 진정한 고수라는 생각이 듭니다. 애플 정도 되니까 팩트에 근거한 광고를 할 수 있지 않느냐고 생각할지도 모르겠습니다.

뒤에 e편한세상 사례에서도 언급하겠지만 메이커 입장에서는 별것 아닌 팩트도 소비자에게는 큰 의미로 다가올 수 있습니다. 모든 경우에 다 적용되는 것은 아니겠지만, 혹시 우리가 팩트를 발굴하고, 의미를 부여해서 집요하게 커뮤니케이션하는 노력을 너무 쉽게 포기하는 것은 아닌지 한번 생각해볼 필요가 있습니다.

1등 기업의 광고
2등 기업의 광고 ────

침소봉대 혹은 견강부회

　약간 전자음처럼 느껴지는, 노래도 아니고 랩이라고 해야 할지, 독특한 목소리로 이야기합니다. "앞면, 뒷면, 앞면, 뒷면, 옆면, 옆면. 옆면에 컬러를 넣었다. 왜? 잘 보이라고." 또 다른 광고에서는 "갤러리? 스포츠센터? 호텔? 여기가 카드회사라고?"라고 말하며 현대카드 건물의 로비를 보여줍니다. 벽면에 있는 전자그림, 자전거, 카페, 음악을 틀어주는 로봇 등의 모습이 나옵니다. 옆면에 컬러를 넣다니 색다른 생각인 것 같습니다. 로봇까지 돌아다니는 로비가 세련되고 근사해 보입니다.
　하지만 한번 냉정하게 생각해봅시다. 카드 옆면에 컬러가 들어간 것이 카드의 본질적인 기능과 관계가 있을까요. 고객에게 주는 혜택이 명확히 있나요? 내가 다니는 회사도 아닌데, 카드회사 건물이 근사한 것이 나에게 어떤 이익을 줄까요? 실제로 가봤을 때 그 음악 틀어주는 로봇이 정말 작아서 조금 놀랐습니다. 그 로봇이 내가 카드를 사용하는 것과는 어떤 관계가 있을까요? 곰곰이 생각해보면 대답은 "아니요"입니다. 그럼에도 왜 이런 광고가 나오게 되었을까요.

앞서 언급했던 Five Venue(브랜드가 처한 위치에 따라 취해야 할 다섯 가지 기본 전략)에 입각해서 볼 때, 현대카드 사례는 한계 우위의 경우에 해당합니다. 현대카드는 2003년부터 파격적인 마케팅과 커뮤니케이션을 시도해 업계에서의 위치가 급상승했습니다. 이 광고로 당시 2위의 자리를 놓고 삼성카드와 겨루는 상황까지 왔습니다. 하지만 아직 명백한 우위라고 얘기할 단계는 아닙니다.

Five Venue에 따르면 이때 취해야 할 전략은 '근소한 물리적 차이를 주된 심리적 차이로 연계시키는 것'입니다. ==비록 그것이 제품의 본질과 직접적인 관련은 없을지라도, 따지고 보면 별다른 것이 아닐지라도 다른 브랜드와의 차별점을 지속적으로 얘기하면 소비자의 마음속에 '현대카드는 뭐가 달라도 다르구나'라는 인식이 자리 잡게 됩니다. 그런 소비자의 인식과 태도는 브랜드 자산으로 연결되는 것이지요.==

다른 사례를 들어볼까요. 2009년에 현대카드는 서울시에 일종의 재능기부를 합니다. 서울역 버스정류장 쉘터 열두 개를 새롭게 디자인하고 제작해서 기증했습니다. LED 화면을 통해 버스 운행 정보와 뉴스를 제공하고, 동작 반응식 센서를 달아 사람들이 움직이는 대로 그림이 바뀌는 재미를 주었습니다. 그 모습을 담아 TV 광고를 내보냈습니

1등 기업의 광고
2등 기업의 광고 ———

다. 카피는 "기다리는 곳에서 즐기는 곳으로. 현대카드가 생각하면 버스정류장도 바뀔 수 있다"입니다. 시민을 위한 기부, 물론 바람직한 일이지요. 하지만 이것이 카드의 본질적인 기능과 관계가 있습니까? 그렇지는 않지요. 정확한 금액을 모르기에 말하기 조심스럽지만 아마 기부 금액에 거의 필적하는 광고비를 쓰지 않았을까 짐작해봅니다. 기부 금액도 클 텐데, 거기에 큰돈을 더 들여 광고를 하는 이유가 무엇일까요. '아무튼 현대카드는 뭔가 달라도 다르다'라는 인식을 심어주는 데 도움이 되기 때문입니다.

현대카드만이 아닙니다. 계열사인 현대캐피탈도 과거에 비슷한 방법을 쓴 적이 있습니다. 기업이 IR(기업설명회)을 할 때 사용하는 기본적인 자료가 연차보고서입니다. 그 연차보고서를 잘 만든 회사에 주는 상을 세 번이나 받았답니다. 코카콜라나 나이키가 받는 상이라고 합니다. 그러면서 이렇게 얘기합니다. "세계가 알아보는 금융이란 이런 거다." 대단한 일임은 분명합니다. 하지만 냉정하게 생각해봅시다. 연차보고서를 잘 만드는 것과 금융회사의 경쟁력 사이에 직접적인 연관성이 있습니까? 돌고 돌아 생각해보면 간접적인 연관성은 있겠지만 아무래도 직접적인 연관성이 있다고 하기는 어렵습니다. 다르게 생각해보면 나이키가 연차보고서를 잘 만드는 것과 스포츠 브랜드로서의 경쟁력 사이에 연관성이 있을까요? 그렇다고 말하기는 어렵습니다.

그럼 왜 이런 광고를 할까요. 속사정은 모르지만 두 가지 이유일 겁니다. 첫째, 코카콜라와 나이키 같은 파워 브랜드의 힘을 지렛대로 이

1등 기업의 광고
2등 기업의 광고 ──

용하여 현대캐피탈의 브랜드 파워를 올리겠다는 전략입니다. 이 광고를 보면 왠지 현대캐피탈이 코카콜라나 나이키와 같은 레벨에 있는 것처럼 느껴집니다.

둘째, 본질적인 기능, 경쟁력과 직접적인 연관성은 없어도, '아무튼 현대캐피탈은 뭐가 달라도 다르다'라는 인식을 심어주는 데 유리하기 때문입니다. 이런 내용들이 모두 앞서 얘기한 한계 우위 상황에서 '근소한 물리적 차이를 주된 심리적 차이로 연계시키는 것'에 해당합니다 (물론 지금은 해외 진출 성과 등의 팩트를 가지고 명백한 우위에서 광고를 하고 있습니다).

농담처럼 하는 말이 있습니다. 광고 전략 중 하나가 '침소봉대, 견강부회'라고 말입니다. 광고가 기본적으로 브랜드에 대한 긍정적인 태도를 만드는 데 기여하기 때문에, 우리가 가진 자원을 면밀하게 살피고, 쉽게 버리지 말고, 최대한 활용하는 방법도 필요합니다. 물론 거짓이 아니라는 전제가 있습니다.

소비자의 눈

　　　　　　　　　　광고 일을 하면서 이런저런 책과 이론으로부터 많은 도움을 받곤 합니다. 그중에서도 제가 손꼽는 책은 《프레임》입니다. 최인철 서울대학교 교수가 쓴 이 책을 읽고 많은 것을 배우고, 생각을 정리할 수 있었습니다. 제 강의를 듣는 학생들이 좋은 책을 추천해달라고 하면 꼭 소개하는 책입니다. 최인철 교수가 내린 정의에 따르면 프레임(frame)은 '세상을 바라보는 마음의 창'입니다. 요즈음 정치 평론에서도 자주 쓰는 용어라서 많이 친숙해진 것 같습니다.

　과거 무상급식과 관련한 서울시 주민투표 당시 야당 측에서 '애들 밥 좀 먹이자는 걸 가지고 시비를 거는, 나쁜 투표' 프레임으로 몰고 가서 성공한 바 있고, 지난번 지방선거에서는 여당 측에서 야당의 '정권 심판론'에 맞서 출범 1년밖에 안 된 정권에게 일할 수 있는 기회를

1등 기업의 광고
2등 기업의 광고

달라는 '기회 부여론'을 내걸어 절대적인 불리라는 예상을 깨고 선전했습니다. 결국 프레임은 사람들이 어떤 마음으로 세상을 바라보게 할 것인가의 문제입니다. 그런데 가만히 생각해보면 심리학을 잘 알고, 정치와 마케팅에 적절하게 적용하면 사람의 마음을 큰 틀에서 조종할 수 있다는 뜻이라 조금 섬뜩하게 느껴지기도 합니다.

어려운 듯 쉽고, 쉬운 듯 어려운 것이 소비자의 마음입니다. 제품을 설명하는 두 가지 방법이 있습니다. 하나는 "이 제품은 평균 15퍼센트 저렴합니다"이고, 다른 하나는 "경쟁 제품은 평균 15퍼센트 비쌉니다"입니다. 어느 것이 마케팅에 더 유효한 방법일까요? 정답은 없지만, 사람들을 생각하게 하는 프레임이 다릅니다. 전자는 '싸구려 프레임'으로 제품을 바라보게 합니다. 후자는 경쟁 제품을 '의심 프레임'으로 바라보게 합니다. "왜 비싸게 받지? 폭리를 취하는 거 아냐? 나쁜 브랜드네." 높은 가격이 제품의 질을 상징하는 프리미엄 제품군이 아니라면 후자의 방식을 취하는 것이 더 유리하다고 봅니다.

재미있는 조사 결과가 있습니다. 한국소비자보호원이 2002년 5월에 발표한 소비문화에 관한 국민의식 조사에 따르면 우리나라 국민의 68.3퍼센트가 내가 하면 합리 소비, 남이 하면 과시 소비라는 이중적 잣대를 가지고 소비를 하는 것으로 나타났습니다. '내가 하면 로맨스, 남이 하면 스캔들'이라는 사고방식입니다. 나를 보는 프레임은 관대하고, 타인을 보는 프레임은 엄격한 것이지요. 사실 그 반대의 입장을 취해야 제대로 된 인격자라 할 수 있겠지만, 사람이 그렇게 되기는 쉽지 않은 일이지요.

일본 전국시대의 무장인 다케다 신겐의 전략가 야마모토 간스케가 한 유명한 말이 있습니다. "사람의 눈이 두 개인 이유가 있다. 하나는 나의 눈으로 세상을 바라보고, 다른 하나는 상대방의 눈으로 세상을 바라보라는 것이다. 상대방의 눈으로 세상을 바라보고, 그가 진정 원하는 것이 무엇인지 살펴보고, 상대가 원하는 것을 먼저 준 다음, 방심한 틈을 타서 일격에 섬멸해야 한다." 전쟁으로 서로 죽이고 죽는 잔인한 시대 상황에서 나온 말이라 조금 살벌하긴 하지만 광고 마케팅을 하는 우리에게 시사하는 바가 있습니다.

==마케팅은 경쟁사와도 싸우지만 궁극적으로는 소비자를 상대로 줄다리기를 하는 것입니다. 따라서 소비자의 눈으로 세상을 바라보고, 소비자가 진정 원하는 것이 무엇인지 아는 것은 마케팅의 필수 요소입니다.==

"열길 물 속은 알아도 한길 사람 속은 모른다"는 말이 있습니다. 알려고 노력해도 알듯 말듯 한데, 노력하지 않으면 도무지 알 수 없는 것이 소비자의 마음입니다. 이것이 광고와 마케팅에 종사하는 사람들이 사람 공부를 꼭 해야 하는 이유입니다.

1등 기업의 광고
2등 기업의 광고

인지절약의 구두쇠

1999년에 나온 광고로 꽤 화제를 모았던 작품이 '2퍼센트 부족할 때'입니다. 지금은 이런 식의 네이밍이 많아졌지만 당시만 해도 단어 한두 개로 똑 떨어지는 브랜드 네임에 익숙한 사람들에게 서술형 네임은 생소하게 느껴졌습니다. 거기에 광고 형식도 독특해서 마치 드라마의 일부만을 잘라서 예고편을 만든 것 같은 광고는 처음이었습니다. 물론 전체 스토리는 인터넷에서 볼 수 있도록 했고요. 지금은 익숙한 방식이지만 그때만 해도 무척 신선한 시도였습니다. 광고의 화제성에 힘입었는지 제품도 크게 히트해 출시 다음 해인 2000년에 매출 1650억 원을 달성하는 성과를 이루었습니다. 음료 브랜드 론칭으로는 매우 성공적인 사례입니다.

2004년에 라면 브랜드 왕뚜껑은 휴대폰 스카이 광고를 패러디해서

'광고가 광고를 패러디'한 용감한 사례로 화제를 모았습니다. 광고 장면을 똑같이 재연한 것은 물론 슬로건까지 스카이의 'It's different'를 패러디한 'It's delicious'로 웃음을 자아냈습니다. 이후에도 왕뚜껑은 유머 광고로 많은 화제를 모았습니다. 그러다가 2013년에 "단언컨대 아이언은 가장 완벽한 물질입니다"라는 카피로 화제를 모았던 휴대폰 베가 아이언 광고를 패러디했습니다. '단언컨대 뚜껑은 가장 완벽한 물체입니다'라는 카피와 베가의 모델 이병헌의 연기를 개그맨 김준현이 패러디해 주목을 끌었습니다.

'2퍼센트 부족할 때'와 '왕뚜껑' 광고가 성공을 거둔 이유는 무엇일까요. 광고의 퀄리티가 좋았던 점도 있었겠지만 최초의 시도라는 점이 꽤 작용했으리라 생각합니다.

광고의 1차 목표는 소비자에게 주목받는 것입니다. 일단 주목을 받아야 메시지 전달이라는 목적을 달성할 수 있기 때문입니다. 그렇다면 어떻게 해야 사람들의 주목을 끌 수 있는지를 알아야겠지요. 심리학에서는 사람들을 'cognitive miser', 즉 인지절약의 구두쇠라고 합니다. 사람들은 복잡하고 귀찮은 것을 싫어합니다. 게다가 세상이 바빠지고 복잡해질수록 관심을 가져야 할 것도 더 많아집니다. 그래서 사람들은 나름의 생존 방법을 찾아냈습니다. 어떤 정보가 다가왔을 때, 그 정보를 재빨리 스캐닝한 후, 기존의 머릿속에 있는 인식 유형 목록과 비교합니다. 그래서 유사성이 높으면 그 유형의 방 속에 넣어버리고 관심을 갖지 않습니다. 안 그래도 복잡하고 골치 아픈 세상, 신경 쓸 일

1등 기업의 광고
2등 기업의 광고

도 많은데 별로 차이도 없는 것까지 신경 쓸 필요가 없다고 생각합니다. 그런데 스캐닝한 결과, 기존 머릿속에 있던 인식 유형과 다른 점을 발견하면 별도의 방을 하나 더 만들어 주목합니다. 그래서 달라야 주목을 끌 가능성이 높아집니다. 처음 접하는 내용은 주목받을 가능성이 훨씬 더 높은 거지요.

물론 제품 자체에 뉴스, 즉 새로운 정보가 있다면 좋겠지요. 하지만 그렇지 않더라도 커뮤니케이션의 방법론을 다르게 하는 것만으로도 주목을 끌 수 있습니다. 최초의 시도를 하거나, 만약 최초가 아니라면 최대의 시도를 하거나 어떻게든 달라 보이는 방법을 찾는 노력이 필요합니다. 단, 장기적으로 브랜드 가치를 훼손할 수 있는 방법은 피해야 합니다. 부정적인 방향으로 주목을 끄는 것은 단기적으로는 이익인 것 같아도 장기적으로 보면 이후에 꽤 많은 돈을 들여도 손상된 이미지를 회복하기 어렵습니다.

먼저 주장하면 내 것이 된다

이번에는 대등한 위치에서 유용한 전략을 알아보겠습니다. 바로 '인식의 선점'입니다. 물론 선점해야 할 인식은 마케팅 경쟁력에 도움이 되는 인식이라는 전제에서 출발합니다.

광고를 할 때 가장 편한 경우는 '사실의 선점', 즉 어떤 경쟁 우위 포인트를 먼저 갖고 있을 때입니다. 그래서 그것을 잘 전달하기만 하면 됩니다. 한 선배는 "어떤 멋진 카피보다 강력한 카피는 최초라는 뉴스다"라고 말한 적이 있습니다. 세계 최초 또는 국내 최초, 업계 최초라는 것은 분명히 강력한 뉴스가 되고 소비자의 관심을 끌기에 충분합니다.

하지만 이렇게 편하고 행복한 경우는 그리 많지 않습니다. 기술이 나날이 발전해서 제품 간의 격차가 점점 줄어들고 있기 때문에 '사실

1등 기업의 광고
2등 기업의 광고 ⎯⎯⎯

==의 선점'이라는 행복한 광고 상황은 매우 드문 일이 되었습니다. 이럴 때 필요한 것이 '주장의 선점'입니다. 남들도 갖고 있는 내용이라도 남보다 먼저 이야기를 하는 것이지요.==

주장의 선점 사례로 슐리츠 맥주를 들 수 있습니다. 지금은 위치가 미미하지만 슐리츠 맥주는 1950년대 미국 시장에서 1위를 차지하기도 하면서 버드와이저와 어깨를 겨루었던 브랜드입니다. 그 슐리츠 맥주가 1920년대에 했던 광고 내용입니다. 10여 개 회사가 경쟁하는 시장에서 슐리츠 맥주는 점유율 8위에 머무르며 고전하고 있었습니다. 그때 광고를 맡은 카피라이터가 아이디어를 냈습니다. "슐리츠 맥주의 모든 병은 고온 증기로 깨끗하게 세척합니다." 슐리츠 맥주의 경영진은 의아했습니다. 고온 증기 세척은 다른 맥주 회사들도 다 하고 있었기 때문입니다. 당연히 반대를 했죠. 그러자 카피라이터는 모두가 하고 있지만 아직 아무도 말하지 않았다며 소비자들은 아직 모르고 있는 것을 남들보다 먼저 말해야 한다고 주장했습니다. 결국 광고가 나갔습니다.

상상해봅니다. 경쟁사들은 그 광고를 보고 곤혹스러웠을 겁니다. 구차하게 '우리도 합니다'라고 이야기하자니 모양새가 우스워지고, 아무 말도 안 하자니 증기 세척을 안 하는 것으로 오해받기 딱 좋은 상황에서 아마 갈등했을 겁니다. 그래서 누군가는 "우리도 합니다"라고 했을 것이고, 누군가는 광고 귀퉁이에 작게 이야기를 했겠지요. 그 결과 슐리츠는 막연히 깨끗한 맥주가 아니라, 깨끗한 이유가 분명한 맥주로

1등 기업의 광고
2등 기업의 광고 ——

자리 잡게 되었고, 1950년대에는 1위를 차지할 정도로 성장한 브랜드가 되었습니다.

우리 주위의 광고를 둘러보아도 마찬가지입니다. 한 제품의 범주에서 설득력을 가지고 말할 수 있는 것은 그렇게 많지 않습니다. 그런 가운데 다른 브랜드가 슬로건이나 키 카피에서 사용한 단어를 쓰기는 왠지 꺼려지고 결국은 사용하지 못하는 경우가 많습니다.

'주장의 선점'은 '일관성의 법칙'이라는 심리학 개념과도 맞닿아 있습니다. 사람들은 일관성을 높게 평가하는 경향이 있습니다. 일관성은 논리적이고 이성적이고 안정적이며 정직한 이미지를 줍니다. 또한 정보 수집을 해야 하는 노력, 대안 분석과 결정을 해야 하는 어려움에서 해방시켜줌으로써 복잡한 세상을 단순하게 살아갈 수 있도록 도와줍니다. 광고로 어떤 인식을 선점해놓으면 매우 유리합니다. 사람들은 따지기도 귀찮고, 또 일관성 있게 보이기 위해서라도 기존 인식을 잘 바꾸려 하지 않습니다. 그렇기 때문에 선점이 매우 중요합니다.

남보다 특출한 것이 없다고 한탄만 할 것이 아니라, 남들이 아직 이야기하지 않은 부분이 무엇인지를 잘 생각해보고 인식 선점을 노린다면 거기서 돌파구를 열 수 있을 것입니다.

광고인에게 ROI란?

　　　　　　　　　　　　투자나 회계 관련 용어로 쓰이는 ROI(Return on Investment)는 투자 수익률을 말합니다. 광고에도 ROI가 있습니다. 물론 뜻은 다릅니다. relevance(연관성), originality(독창성), impact(영향력)의 첫 글자를 딴 약칭입니다. 연관성은 '광고 메시지가 제품이나, 타깃, 광고 목표에 적절하게 부합되어야 한다'는 것을 의미하고, 독창성은 '광고 메시지가 차별적인 사실을 전달하거나 주장의 차별화를 이뤄내야 한다'는 것을 의미하며, 영향력은 '광고 메시지의 전달에 있어 강력한 침투력을 가져야 한다'는 의미입니다.

　　ROI는 세계적인 광고회사인 DDB Needham의 광고 전략 모델인 'Planning for ROI'에서 언급된 개념입니다. ROI는 다섯 가지 질문을 던지고 답변을 적어나가는 과정이 바로 광고 기획이 된다는 것으로,

1등 기업의 광고
2등 기업의 광고 ──

다섯 가지 질문이란 다음과 같습니다.

첫째, 광고 목표는 무엇인가. 둘째, 누구에게 광고를 전달할 것인가. 셋째, 두 번째 질문에서 결정된 타깃에게 어떤 이익(benefit)을 약속하고, 그 약속을 뒷받침할 것인가. =='이익'을 정리하기 위해 다음의 문장을 완성시켜보라고 합니다. "내가 ○○○하면 나는 ○○○할 것이다." 그 이익은 소비자의 마음속에 있는 것이지 제품 안에 있는 것이 아니며, 대부분 주관적인 것이라고 합니다.==

예를 들어보겠습니다. 배스킨라빈스31 광고 중에 매장에 온 아빠들이 두 가지 맛이 결합된 아이스크림 케이크에 놀라서 집에 전화를 걸어 "아빤데……" 하면서 뭘 사야 할지 물어보는 장면이 있었습니다. 야구 해설가 하일성 씨도 나오고 해서 재미있게 봤던 광고입니다. 여기서 이익은 무엇일까요. 어떤 문장으로 정리할 수 있을까요.

저는 이렇게 봅니다. "내가 배스킨라빈스 아이스크림 케이크를 사가면 나는 좋은 아빠로 인정받을 것이다." 이것은 배스킨라빈스 아이스크림 케이크에 담겨 있는 이익은 아닙니다. 이 광고의 목적은 아빠를 타깃으로 삼아 매출을 늘려보자는 것입니다. 그래서 배스킨라빈스 아이스크림 케이크를 사가는 아빠를 긍정적으로 재미있게 묘사하였습니다. 마음속에 잠재되어 있는, 다정하고 세련된 아빠로 인정받고 싶다는 욕구를 건드린 것입니다. 특히 종류가 31가지나 되는 것에 놀라는 장면을 보여줌으로써 골라 먹는 재미까지 전달한 덕분에 더욱 배스킨라빈스만의 이야기가 될 수 있었습니다.

다른 사례를 들어보겠습니다. 제가 열광했던 광고 중 하나가 리바이스 엔지니어드진 광고입니다. 남녀가 여러 겹으로 둘러싸인 벽을 뚫고, 전속력으로 나무를 타고 뛰어오른 다음 하늘을 나는 모습을 멋진 영상으로 보여줍니다. 이 광고에서 약속하는 리바이스 엔지니어드진의 이익은 무엇일까요? 저는 이렇게 생각합니다. '리바이스 엔지니어드진을 입으면 나는 자유로운 정신의 소유자로 보일 것이다.'

이렇게 광고 아이디어를 만든 후에는 ROI의 관점에서 좀 더 냉정하게 판단해보아야 합니다. 만약 부족한 점이 있다면 어떻게 보완할 것인지, 다른 아이디어는 없는지 찾아보아야 합니다. 또 ROI를 다 충족하더라도 반드시 승리를 장담할 수 없을 정도로 광고 경쟁은 치열합니다.

이렇게 세 번째 질문을 정리한 다음에, 네 번째 질문으로 넘어갑니다. 어떤 개성(personality)으로 브랜드를 차별화할 것인가. 마지막으로 '어떤 매체를 통해 광고를 전달할 것인가'에 대한 대답을 정리하면서 전략 구성을 마무리합니다.

ROI. 말은 쉬워 보이지만 이러한 조건을 다 충족하는 광고는 정말 쉽지 않습니다. 하지만 목표가 있는 것과 아예 목표가 없는 것은 결과가 다를 수밖에 없기 때문에 광고를 하는 사람들이 꼭 마음속에 새겨야 할 것이 바로 ROI입니다.

스토리가 많아야 히스토리가 된다

　　　　　　　　　　　　대동강 물을 자기 것처럼 팔아먹은 봉이 김선달을 뛰어넘은 사람이 있었습니다. 그는 5만분의 1 지도 한 장과 황량한 백사장 사진 한 장을 들고 영국은행장을 찾아가서 배를 수주해오면 조선소 지을 돈을 빌려주겠다는 약속, 그야말로 앞뒤가 바뀐 약속을 받아냈습니다. 그는 이번에는 세계적인 선박왕을 찾아가 거북선이 그려진 500원짜리 지폐를 보여주며 한국은 이미 몇 백 년 전에 철갑선을 만든 조선국가였음을 강조하여 유조선 두 척을 수주했습니다. 그 수주 증명을 들고 가서 차관을 빌린 후 그 돈으로 조선소를 짓고 배를 만들어 납품했습니다.

　"당신이 배를 사주면, 사주었다는 그 증명을 가지고 영국 정부의 승인을 받아서 영국 차관을 얻어 기계를 사들이고 해서 여기다 조선소를 지어서 당신네 배를 만들어줄 테니 사라." 그야말로 봉이 김선달 뺨치는 놀라운 발상과 추진력을 가진 사람, 정주영 회장입니다.

그에게는 재미있는 일화가 많습니다. 서산 간척지를 만들 때, 거센 물살 때문에 마지막 200미터 구간을 남기고 애를 먹고 있었습니다. 엄청나게 큰 바위를 비싼 값에 사다가 집어넣어도 금방 떠내려갈 정도였다고 하니 그 어려움은 이루 말할 수 없었겠지요. 시간과 비용 부담도 만만치 않았을 겁니다. 보고를 받은 정 회장은 울산 조선소에 있는 폐유조선을 서산 간척지 공사 현장으로 끌고 오라고 했습니다. 그들은 폐유조선을 물막이 공사를 해야 할 부분에 갖다 대고, 유조선 탱크에 물을 담아 배가 가라앉도록 해서 바닷물의 흐름을 막았습니다. 이때 양쪽 둑에서 흙과 돌을 퍼부어서 물막이 공사를 성공적으로 마칠 수 있었습니다. 이 방법으로 공사비를 무려 280억 원이나 절감하고 공사 기간을 36개월이나 단축했다고 합니다. 이후 이 공법은 '정주영 공법'으로 명명되었고, 세계 토목업계의 관심을 받았습니다.

정주영 회장은 금강산 관광사업을 시작한 후 다양한 공연을 할 수 있는 공연장을 짓기 시작했습니다. 그런데 추위 때문에 공사가 지연되었습니다. "추운 날씨로 인해 시멘트가 제대로 양생이 되지 않습니다. 봄이 와야 제대로 공사를 진행할 수 있습니다." 직원이 보고를 하자 정 회장은 "봄은 만들면 된다"라고 말했습니다. 봄을 어떻게 만들까요? 먼저 공연장 크기보다 더 큰 비닐하우스를 지었습니다. 그런 다음 그 안을 따뜻하게 해놓고 공연장 공사를 진행했습니다. 일명 '비닐

1등 기업의 광고
2등 기업의 광고 ───

하우스 공법'입니다.

가장 재미있는 스토리는 소 떼 방북일 겁니다. 1998년 6월 16일, 정주영 회장은 소 1001마리를 끌고 판문점을 넘어 방북길에 올랐습니다. 그 자리에 모인 수많은 내외신 기자들은 소 떼 방북도 획기적인 이벤트이지만 왜 1000마리도 아닌 1001마리인지 궁금해 그 이유를 물었습니다. "아버지가 소 판 돈을 훔쳐 서울로 와서 지금의 자리에 이르렀다. 한 마리는 원금이고, 1000마리는 이자"라는 게 그의 대답이었습니다. 이 재미있는 이야기는 외신에 대서특필되었습니다.

정 회장은 일화도 많지만 그 자신이 위대한 스토리텔러라는 생각이 듭니다. 1000마리는 특별하지 않지만, 1001마리는 특별합니다. 소 한 마리 가격이 많아야 수백만 원일 겁니다. 수백만 원으로 그 몇 백 배의 스토리를 만들어 보도 가치를 높였습니다. 아마 스토리의 힘을 제대로 아는 사람이 아니었나 하는 생각이 듭니다.

미국의 노드스트롬 백화점도 스토리가 많은 브랜드입니다. 스웨덴계 이민자 노드스트롬이 1901년에 만든 구두 가게에서 시작한 노드스트롬은 많은 일화를 가지고 있습니다. 미국에서는 노드스트롬 효과(Nordstrom effect)라는 말이 있는데 '코끝이 찡할 정도로 감동적인 서비스를 의미합니다. 한 고객이 의류 매장에서 깜박 잊고 비행기표를 놓고 왔습니다. 노드스트롬 직원이 직접 공항까지 찾아가서 고객에게 비행기표를 전달했다고 합니다.

다른 사례는 더 감동적입니다. 한 노인이 타이어를 가져와서 반품을

1등 기업의 광고
2등 기업의 광고

요청했습니다. 직원은 가격을 묻고, 즉각 환불해주었습니다. 그런데 사실 그 백화점에서는 타이어를 아예 팔지 않았답니다. 고객이 부끄럽게 생각할까 봐, 아무 말 없이 돈을 물어준 것이지요. 나중에 고객이 신문에 기고하여 이 사실이 알려지면서 노드스트롬은 고객 서비스의 대명사가 되었습니다.

스토리가 많은 브랜드는 항상 주목을 받고, 여기저기서 사례로 거론됩니다. 사람들은 개념적이고 딱딱한 이야기보다는 재미있는 이야기에 더 관심을 가지게 마련입니다. 그래서 스토리가 많은 브랜드는 유리합니다. 그럼 스토리를 만드는 것은 특별한 사람, 특별한 브랜드만 가능할까요? 그렇지 않습니다. ==누구나, 어떤 브랜드나 성공하기 위해 노력하는 과정에서 반드시 스토리가 있게 마련입니다. 평범하게 지나칠 수도 있는 일에 관심을 가지고, 스토리를 만들기 위해 노력한다면 얼마든지 가능한 일입니다.==

어떤 건강식품 브랜드는 라디오 광고에서 "제품 제조 과정을 인터넷 홈페이지에서 생중계를 하고 있다"고 했습니다. 소비자들이 건강식품에 대해서는 약간의 의구심을 갖고 있다는 점을 생각할 때, 믿음이 확 가는 말이었습니다. 그런데 인터넷으로 찾아보니 어차피 공장 안에 있는 CCTV를 활용하는 방식이었습니다. 매우 현명한 마케팅 방식이자 스토리텔링입니다.

심지어 남의 이야기를 가져다가 브랜드 스토리로 삼은 경우도 있습니다. 1926년에 나온 고디바 초콜릿은 세계 3대 프리미엄 초콜릿 브랜드로 유명합니다. 제품명 고디바는 11세기 영국 코벤트리 지역을 다스리던 영주의 부인 이름을 딴 것입니다. 고디바 부인은 남편이 과중한 세금을 부과하여 백성들이 힘들어하자 남편에게 세금을 줄여줄 것을 요청했다고 합니다. 그러자 남편이 알몸으로 마을을 한 바퀴 돌면 들어주겠다고 제안했습니다. 고디바 부인은 말을 타고 벌거벗은 채로 마을을 행진하였습니다. 백성들은 고디바 부인에게 감사하는 마음으로 창문을 걸어잠그고 커튼을 쳐서 행진을 지켜보지 않았습니다. 고디바 부인은 결국 세금을 줄이는 데 성공하였고, 이 이야기는 전설로 내려오고 있습니다. 그런데 톰이라는 양복점 직원이 이를 몰래 엿보았고 후에 장님이 되었다고 합니다. 재미있는 스토리이지요. 그런데 더 재미있는 사실은 고디바 초콜릿을 만든 나라가 벨기에라는 것입니다. 이렇게 남의 나라 이야기를 가져다가 자기 브랜드 스토리로 활용할 정도로 스토리의 힘은 막강합니다.

==스토리텔링, 관심을 가지면 내 이야기이고, 관심을 갖지 않으면 남의 이야기일 뿐입니다.==

1등 기업의 광고
2등 기업의 광고 ────

필름의 추억

　　　　　　　　　　　　　　　디지털카메라가 필름카메라를 밀어내더니 이제는 스마트폰 때문에 디지털카메라도 팔리지 않는 시대가 되었습니다. 그럼에도 필름 이야기를 한번 해보려고 합니다. 앞에서 잠깐 언급했던 후지필름 사례입니다.

　후지필름은 코닥필름과 쌍벽을 이루는 브랜드였습니다. 그런데 우리나라 시장에서 후지필름은 코닥에 비해 큰 격차로 열세였습니다. 브랜드 선호도가 대략 7:3 수준이었다고 합니다. 아마 '후지'라는 브랜드에서 일본 티가 나는 것도 선호도에 어느 정도 영향을 미쳤을 거라고 생각합니다. 아무튼 소비자 조사 결과, 사람들의 필름에 대한 관여도가 낮다는 결론이었습니다. 사실 옛날로 돌아가 생각해보면 사람들은 평소 필름에 대해 관심이 없었지요. 놀러 갔다가 필름이 떨어지면 가게에 가서 "필름 하나 주세요" 했지, 브랜드를 거의 따지지 않았습니다. 그러니 특별히 소비자에게 주목받을 수 있는 방법을 찾지 않는 한, 기존의 시장 구도가 그대로 반영될 수밖에 없습니다.

그래서 후지필름은 소비자에게 호소할 수 있는 새로운 기회를 만들기 위해 '후지 슈퍼200 캠페인'을 벌이게 됩니다. 슈퍼200은 당시 급속하게 성장하던 자동카메라 시장에 주목하고 "자동카메라용 필름은 따로 있다"는 카피로 시장을 공략합니다. 자동카메라는 필름을 넣고 핸들을 손으로 돌려서 감아 끼우는 수동 방식이 아니라 필름을 넣고 뚜껑을 덮으면 자동으로 필름이 감겨 끼워지는 방식입니다. 그 시절 일본을 방문하면 도쿄 아키하바라 전자상가에 가서 무조건 하나씩 사오던 자동카메라가 한국에서도 대중화되고 있는 사실에 주목하고, 거기에 초점을 맞춘 것입니다.

이 캠페인의 백미는 "자동카메라용 필름은 따로 있다"는 카피입니다. 후지의 전략적 노림수가 담겨 있습니다. '필름에 대한 관여도를 높이자. 그렇지 않으면 시장은 흔들리지 않는다. 관여도를 높이기 위해서는 필름카메라보다 훨씬 비싼 돈을 주고 장만한 자동카메라를 걸고 넘어지자. 그러면 소비자들은 관심을 가질 것이다. 더구나 이 시장은 분명히 성장하는 추세다. 꾸준히 공략하면 좋은 승부가 될 것이다.' 아마 이것이 캠페인 전략의 요점이 아니었을까 생각합니다.

아주 많은 예산은 아니었지만 후지필름은 슈퍼200 캠페인을 1994년부터 1999년까지 약 5년 동안 집행합니다. '자동카메라용 필름은 따로 있다'는 메시지를 꾸준히 유지하면서 말입니다. 광고 캠페인의 휘발성이 너무 높아서 캠페인이라는 말을 붙이기도 어색한 경우가 태반인 우리 풍토에서는 자못 놀라운 일입니다. 그 결과 후지필름의 매출은 꽤 증가했다고 합니다.

하이트맥주 캠페인도 관여도를 높여서 성공한 유사한 사례입니다. "맥주의 96퍼센트는 물. 물이 좋아 깨끗한 맥주"라는 메시지로 기억되는 하이트맥주 캠페인은 만년 2위 회사의 운명까지 바꿨던 캠페인입니다. 좀처럼 흔들리지 않던 시장 구도에서 남들이 전혀 주목하지 않았던 부분의 관여도를 높여 역전의 계기를 만들었던 사례입니다.

==상황이 어려울 때는 그저 우직하게 열심히 하는 것만이 능사가 아닙니다. 뭔가 돌파를 해내는 전략이 필요합니다.== 그런 전략의 하나로 '관여도 높이기'라는 방법이 있다는 것을 후지필름과 하이트맥주 사례가 보여줍니다.

광고 모델 사용설명서

2012년은 단연 '싸이'의 해였습니다. 그해 7월에 발표한 정규 앨범에 수록된 '강남스타일'이 전 세계적으로 선풍적인 인기를 끌었습니다. 유럽, 오세아니아, 아시아, 남미 등 세계 여러 나라 음악 관련 차트에서 1위를 기록하고, 팝뮤직의 본고장인 미국에서 빌보드차트 7주 연속 2위를 기록하는 쾌거를 달성했습니다. 한국 음악계에서도 주류라고는 할 수 없던 싸이의 노래가 세계를 강타한 놀라운 사건에 온 국민이 기뻐했을 뿐만 아니라 자부심마저 느꼈습니다. 그해 10월 서울시청 앞 광장에서 국민에게 감사드린다는 취지로 무료 공연을 펼친 것은 싸이 열풍의 절정이었습니다.

연예인이든 스포츠 스타이든 한번 주목을 받으면 광고가 밀려들어 옵니다. 특히 열풍이라고 할 만한 인기를 얻게 되면 업종을 불문하고

1등 기업의 광고
2등 기업의 광고

계약 요청이 밀려오게 마련입니다. 싸이도 그랬습니다. 광고물 검색 포털사이트 tvcf.co.kr에서 찾아보면 2012년 하반기부터 2013년까지 계약한 광고주 수만 11곳입니다. 특히 2012년 열풍이 불었던 해에는 싸이가 출연하는 광고를 정말 많이 볼 수 있었습니다.

그런데 대부분의 광고에 거의 공식처럼 싸이가 말춤을 추는 장면이 들어갔습니다. 혼자 추든, 다른 모델들과 같이 추든 말춤이 빠지면 광고가 안 된다는 듯이 말입니다. 또 '강남스타일'이란 말을 차용해서 '○○○스타일'이라는 카피를 사용하는 방법을 많이 썼습니다. 그러다 보니 처음에는 재미있지만 조금 시간이 지나자 광고의 차별성이 잘 느껴지지 않았습니다.

그런 가운데 눈길을 끈 광고가 있었습니다. 싸이가 공연장에서 관중들 위로 몸을 던지고, 관중들이 싸이를 떠받치고 있습니다. 이때 멘트가 나옵니다. "날 봐, 인생 모르는 거야." 부잣집 아들로 태어났지만 사고뭉치, 유학을 보냈더니 부모 몰래 음대로 진학, 고급스러움과는 거리가 먼 B급 정서를 대변하는 음악, 산업체 근무 특례로 병역을 마쳤지만 불성실 이행이란 이유로 군 재입대 등 좌충우돌하는 삶을 살아온 싸이의 인생 스토리가 매스컴을 통해 잘 알려져 있었고, 그럼에도 불구하고 상상을 초월하는 대성공을 거두었기에 이런 카피가 많은 공감을 얻었습니다. 드라이피니시d 광고입니다.

빅모델 쓰는 것 좋습니다. 빅모델을 쓸 여유가 있고, 브랜드와 크게 동떨어진 이미지가 아니라면 주목을 끌 수 있는 방법을 마다할 이유가 없지요. 하지만 남들과 똑같이, 천편일률적인 방법으로, 당시에 인기를 끈 모습 그대로를 고집한다면 빅모델을 효과적으로 쓰는 방법이 아닐 것입니다. 남다른 해석과 차별화가 오히려 더 요구되는 것이 빅모델 활용법입니다.

그럼 전문가 모델은 어떨까요? 몇 년 전 광고에 배리 마셜 박사라는 분이 나와서 헬리코박터균에 대해 열정적으로 설명을 합니다. 그분은 무려 노벨의학상 수상자. 그것도 헬리코박터균 관련 내용으로 노벨의학상을 받았습니다. 위까지 생각한 발효유 윌 광고입니다. 배리 마셜 박사는 3년 동안 광고에 출연하면서 모델 역할을 톡톡히 해냈습니다. 윌은 왜 마셜 박사를 모델로 기용했을까요.

==광고 모델에 관한 이론 중에 '권위의 이전'이라는 것이 있습니다. 광고 모델이 갖고 있는 권위가 제품으로 이전되는 현상을 말합니다. 권위의 이전이 일어나는 이유는 기본적으로 우리의 일상생활에서 '권위'라는 것이 중요하게 작동하기 때문입니다.==

어린 시절로 돌아가서 생각해볼까요. 우리가 학교에 입학했을 때, 부모님이 가장 먼저 강조한 말이 무엇이었나요? "학교 가면 선생님 말씀 잘 들어야 한다"입니다. 우리는 어려서부터 혼란은 좋지 않은 것이고, 적절한 권위에 복종해야 한다고 배웠습니다. 그리고 권위 있는 사람의 명령에 순응하면 실질적인 혜택이 돌아옵니다. 어른 말을 잘 들으면 사탕을 얻어 먹을 확률이 높아진다는 것을 어린이들은 잘 알고 있지요. 이런 과정을 거치다 보니 권위에 순응하는 것이 올바른 선택

1등 기업의 광고
2등 기업의 광고 ——

일 가능성이 높다는 신념이 내면화됩니다. 이 때문에 의사나 교수 등 전문가가 가진 권위를 이용하는 광고가 나오게 되는 것입니다. 재미있는 사실은 드라마에서 의사 역할을 한 연기자를 모델로 기용한 경우에도 광고 효과가 높다는 것입니다.

다시 본론으로 돌아가 윌은 왜 배리 마셜 박사를 모델로 기용했을까요? 윌은 약이 아닙니다. 발효유, 즉 식품이지요. 윌이 의약품으로 인정을 받았다면 광고에 '유통기한 확인하여 식품 선택 올바르게'라는 문구가 들어갈 리가 없지요. 그런데 사람들은 발효유를 약과 음료의 경계에 있는 제품으로 생각하는 경향이 있습니다. 특히 위에 있는 헬리코박터균과 싸운다는 제품 콘셉트를 생각하면 윌을 의약품에 준하는 제품으로 자리매김할 필요를 느꼈을 것이고, 이를 위해서 헬리코박터균을 연구해 노벨의학상까지 받은 박사를 모델로 기용할 필요가 있었을 겁니다.

이렇듯 모델 기용에는 모델 전략이 필요합니다. 최고의 빅모델, 가장 인기 있고 비싼 모델이 무조건 좋은 것이 아니라 브랜드가 처한 상황과 전략 목표에 맞게 광고 모델을 선정해야 합니다. 특히 전문성과 신뢰도를 높이기 위해서는 전문가 모델을 기용하는 것도 좋은 방법입니다. 더구나 모델 비용도 빅모델과 비교할 수 없을 만큼 싸다는 장점이 있지요.

남양유업이 싸움을 건 까닭은?

세계적인 식품회사인 네슬레도 제대로 힘을 쓰지 못한 시장이 우리나라 커피시장입니다. 커피 수입 자유화 이후 다소 고전하던 동서식품이 압도적 우위를 차지하게 된 계기는 커피믹스 제품에 선제적 투자를 한 결과였습니다. 커피믹스 시장은 1조 1220억 원 규모의 큰 시장입니다. 이 시장에서 네슬레를 제치고 당당히 2위로 떠오른 기업은 남양유업입니다. 남양유업은 2011년 6.5퍼센트의 점유율이 2012년에 12.5퍼센트, 2013년에 12.6퍼센트로 오른 반면, 네슬레는 8.9퍼센트에서 5.1퍼센트, 3.7퍼센트로 계속 추락했습니다. 더 놀라운 사실은 남양유업은 2013년 '을(乙) 착취' 논란으로 불매운동까지 벌어진 상황에서도 점유율이 근소하게나마 올랐다는 것입니다. 남양유업이 성공한 비결은 무엇일까요?

2010년 12월 남양유업은 '프렌치카페 카페믹스'라는 긴 이름의 커피믹스 제품을 선보입니다. 프리론칭 광고까지 하며 공을 들인 남양유업은 "프림까지 좋아야 좋은 커피"라며 '프림 속 화학적 합성품인 카제인나트륨'을 뺐다고 말합니다. 일단 화학적 합성품이라는 수식어부터 자극적입니다. 뭔가 넣어서는 안 될 나쁜 것을 경쟁사들은 넣고 있는 것 아닌가 하는 의구심을 불러일으킵니다. 5개월 동안 열심히 군불을 지피고 나서, 남양유업은 '화학적 합성품인 카제인나트륨 대신 무지방 우유를 넣었다'는 메시지를 던집니다. 동서식품도, 네슬레도 우유회사는 아닙니다. 그런데 우유가 모체인 남양유업에서 우유를, 그것도 무지방 우유를 넣었다니 건강한 느낌이 듭니다. 자신의 장점을 100퍼센트 활용하는 좋은 방법입니다.

　2011년 내내 같은 메시지를 반복하자 경쟁사가 딸려 들어옵니다. 2012년 2월 동서식품이 '우유를 넣어도 향이 깊은 커피'라는 메시지로 화이트골드 커피믹스를 출시합니다. 그러자 남양유업은 바로 "왜 요즘 다들 우유를 넣은 커피를 내놓을까? 우유가 좋다는 건 상식이니까"라며 경쟁사를 따라쟁이로 만들어버립니다. 그러면서 계속 '카제인나트륨을 빼고 무지방 우유를 넣은 커피는 우리뿐'이라는 메시지를 던집니다. 이렇게 일관된 전략으로 계속 밀어붙이다가 2013년 11월에는 '인산염'까지 뺀 신제품 '프렌치카페 카페믹스 누보'를 출시합니다. 신제품의 성과가 어떻게 나올지 궁금합니다.

　이 사례는 언론에서도 화제로 많이 다루어 광고인과 광고주들 사이

1등 기업의 광고
2등 기업의 광고

에서도 비상한 관심을 모았습니다. 이 사례에서 제가 얻은 시사점은 다음 몇 가지입니다.

첫째, ==계속 후발주자로 만족할 것이 아니라면 싸움을 걸어야 합니다. 싸우지 않고 시장을 흔들 수는 없습니다.== 닐슨에서 주창한 '오메가 규칙'에 따르면 브랜드 선택의 95퍼센트는 습관이라고 합니다. 이런 상황에서는 기존의 강자가 절대적으로 유리할 수밖에 없습니다. 그렇기 때문에 후발주자는 '델타 모멘트', 즉 소비자들이 습관에 도전하여 의식적인 평가를 하는 순간을 만들어야 합니다. 그러기 위해서는 제품 내용을 단단하게 준비하는 것은 물론이고, 커뮤니케이션에서도 적극적인 파이터의 모습을 보여주어야 합니다.

둘째, 일관된 메시지를 장기간 보여주어야 합니다. 남양유업도 벌써 3년 넘게 캠페인을 전개하고 있습니다. 새롭게 인산염 콘셉트를 들고 나온 것을 보면 적어도 4년 캠페인이 진행되리라 예상합니다. 메시지가 소비자에게 전달될 뿐만 아니라 소비자의 행동으로 옮겨지려면 상당한 시간이 걸리게 마련입니다. ==소비자가 우리 광고만 바라보고 있는 것도 아니고, 메시지를 접하더라도 기존 인식을 바꾸고 행동까지 바꾸려면 시간이 필요합니다.== 하지만 많은 경우에 메시지를 던져보고 바로 반응이 없으면 실망합니다. 뭔가 부족하기 때문에 반응이 없는 것이 아닌지 조바심이 납니다. 안 되겠다는 판단에 방향을 바꿉니다. 그러다 보면 매번 실험에 그치게 됩니다.

셋째, 싸움을 전개하려면 자원이 충분해야 합니다. 소비자가 충분히 인식할 만한 광고비가 있어야 합니다. 당장 매출이 오르지 않더라도 얼마만큼의 투자를 하자는 합의가 있어야 합니다. 그렇지 않으면 용두사미로 끝나게 됩니다.

이런 조건을 모두 만족하기는 쉽지 않습니다. 하지만 생각해봅시다. 강력한 선발주자를 이기는 것은 결코 쉬운 일이 아닙니다. 쉬운 일이 아니기 때문에 더욱 단단한 결심이 필요합니다.

또 하나의 관전 포인트가 있습니다. 남양유업은 네슬레를 끌어내리고 2위 자리를 차지하는 데 성공했습니다. 하지만 동서식품은 여전히 81퍼센트 수준의 시장점유율을 보이고 있습니다. 과연 남양유업이 명실상부한 양강 체제를 구축할지 결과가 궁금해집니다.

1등 기업의 광고
2등 기업의 광고

광고는 투자인가, 비용인가

불황이 오면 기업에서 가장 먼저 줄이는 예산이 광고비입니다. 일본에서는 기업들이 불황 국면에서 먼저 줄이는 예산이 광고비, 교통비, 교제비라 해서 3K라 부른다고 합니다. 우리나라도 불황 때는 보통 광고비부터 손을 댑니다.

광고업은 전형적인 내수 산업입니다. 우리나라 기업들이 해외로 진출할 때 동반 진출해서 수익을 올리는 광고회사가 일부 있기는 하지만, 거의 대부분의 광고회사는 국내에서 활동하는 기업의 광고를 만들고 집행합니다. 그런데 오랫동안 내수 경기가 워낙 위축되다 보니 기업들의 매출이 원활하지 않고, 그러다 보니 광고 집행을 아예 하지 않거나, 광고 집행을 하더라도 금액을 대폭 삭감하는 경우가 많습니다. 이 때문에 광고회사는 많은 어려움을 겪고 있지요.

그런데 기업은 연구개발비에 대해서는 관대한 편입니다. 관대한 정도가 아니라 절박하다는 생각을 갖고 있지요. 언론에서도 '아무리 상황이 어려워도 연구개발비만큼은 아껴서는 안 된다. 미래를 위해서는 연구개발이 필수'라며 연구개발을 독려합니다. 물론 맞는 이야기입니다. 좋은 제품이 있어야 기업이 미래를 기대할 수 있겠죠. 그러다 보니 이제는 연구개발비를 비용이 아닌 투자로 보는 것이 상식입니다. 하지만 광고비는 누구나 비용으로 봅니다. 이것이 제가 평소에 느끼는 의문입니다. 광고비는 정말 투자가 아니라 비용일까요?

광고가 투자인지 비용인지에 대해서는 꽤 많은 논쟁이 있습니다. 광고는 브랜드 가치를 높이기 위한 장기적인 투자라는 관점이 있는 반면, 현실적으로 광고는 회계 기준상 비용으로 간주되고 있습니다. 일반적으로 학계와 광고회사 쪽에서는 브랜드를 위한 투자 관점을 지지하지만, 손익에 민감할 수밖에 없는 광고주 입장에서는 CEO가 확고한 의지를 갖고 있지 않은 한, 비용 관점에서 바라볼 수밖에 없습니다. 여기서 그 많은 논쟁을 다 소개하는 것은 별 의미가 없다고 생각하지만, 한 가지 핵심만은 꼭 얘기하고 싶습니다.

제조업은 공장을 세우고, 서비스업은 고객 접점을 만듭니다. 공장이든 빌딩이든 실물 공간을 만드는 것이 당연합니다. 실물 공장을 만드는 것이 당연하다면, 고객의 마음속에 공장을 짓는 것 또한 당연합니다. 그런데 실물 공장은 모두가 투자라고 생각합니다. 그것도 필수불가결한 투자라고 생각합니다. 그런데 고객의 마음속에 공장을 짓는

1등 기업의 광고
2등 기업의 광고 ———

것은 왜 필수불가결한 투자로 생각하지 않을까요. 그것이 꼭 많은 비용이 들어가는 TV 광고가 아니더라도, 브랜드를 소비자의 마음속에 심는 브랜딩 과정에 대한 투자는 반드시 필요한 것으로 여기는 풍토가 하루빨리 정착되어야 한다고 생각합니다.

좋은 제품이 그 가치를 제대로 인정받기 위해서는 소비자의 마음속에 그 제품이 자리 잡아야 합니다. 제품이 아무리 좋더라도 만든 사람들과 소수 고객 외에는 그 진가를 모른다면 그 제품이 어떻게 성공할 수 있을까요. 연구개발이 중요하지 않다고 얘기하는 것이 아닙니다. 당연히 기업이 성공하기 위한 필요조건이지요. 하지만 그것만으로는 충분하지 않습니다. 좋은 제품을 만들기만 하면 무조건 팔리던 시대는 오래전에 지나갔습니다. 제품의 가치를 제대로 알리고, 소비자 마음속에 자리 잡게 하는 것은 기업이 성공하기 위한 충분조건입니다. 필요조건도, 충분조건도 모두 필요합니다. 두 가지 모두 비용이 아니라 투자입니다.

물론 쉽지 않습니다. 특히 매출이 높지 않은 기업에서는 더욱 어려운 일이겠지요. 하지만 조금 거칠게 얘기해보자면 성공하는 기업들은 다 그런 과정을 이겨냈기에 성공한 것입니다.

불스원이라는 회사가 있습니다. 불스원은 불스원샷이라는 엔진세정제로 잘 알려진 브랜드입니다. 하지만 불스원은 엔진세정제만 만드는 곳이 아니라 자동차 생활 전반에 관련한 많은 제품을 만드는 회사입니다. 몇 년 전부터 케이블 TV에서 불스원 광고가 자주 보이기 시작했습니다. 불스원샷은 물론이고, 레인OK 브랜드로 유리발수 코팅제, 와이퍼, 에어컨 히터 필터까지 다양한 제품군으로 광고를 집행했습니다. 광고만의 영향은 아니겠지만 2010년 437억 원이었던 매출액이 광고 집행을 늘린 후 2013년에 1050억 원까지 증가했다고 합니다. 마침내 톱스타 이병헌을 모델로 기용해 공중파 광고까지 집행하게 되었습니다. 또한 어느덧 불스원은 엔진세정제를 파는 회사가 아니라 자동차 생활에 관련한 다양한 제품을 잘 만드는 회사라는 이미지를 갖게 되었습니다.

불스원도 쉽지 않았을 겁니다. 하지만 이렇게 광고 투자를 하지 않았더라면 어렵고 힘든 과정을 거쳐 개발한 제품들이 시장에서 제대로 인정받지 못했을 것입니다. 그렇기 때문에 광고비는 비용이 아니라 투자입니다. 그것도 반드시 필요한 투자입니다. 아무리 힘이 들어도 마케팅 투자는 해야 합니다. 예산이 많지 않아도 전문가를 만나 한번 상의해보아야 합니다. 기업의 여건과 체력에 맞는 방법을 찾아 차근차근, 끈기를 갖고 해야 합니다. 선택이 아니라 필수입니다.

만약 어렵게 광고 투자를 결정했습니다. 그럼 어떻게 써야 할까요? 광고비는 결국 돈입니다. 돈은 어떻게 써야 할까요? 돈은 쓸 때 제대로 써야 합니다. 하나 마나 한 이야기로 들리겠지만, 사실이 그렇습니다. 비행기는 이륙할 때 3~4킬로미터를 달리면서 연료의 절반을 소모한다고 합니다. 보통 론칭(launching)이라는 말을 쓰는데, 비행기로 따지면 이륙에 해당합니다. 일정 궤도에 올라가서 안정될 때까지는 이륙

1등 기업의 광고
2등 기업의 광고

처럼 초기 투자를 많이 해야 합니다. 광고비 관련 이론에도 '새는 양동이(Leaky Bucket)'라는 것이 있습니다. 소비자는 항상 망각을 하기 때문에 구멍이 뚫린 양동이와 같다는 것이죠. 그래서 처음에는 수압을 강하게 해서 물을 쏟아부어야 양동이를 채울 수 있습니다. 물론 한번 채워진 다음에는 망각으로 빠져나가는 만큼 보충해주면 됩니다. 그래서 광고를 할 때는 초기 투자가 매우 중요합니다.

그런데 많은 기업들이 론칭을 하기로, 그리고 광고를 하기로 결정하고도 여러 가지 이유로 과감한 초기 투자를 망설입니다. 정말 돈이 없어서 그런 경우에는 할 수 없겠지요. 하지만 광고비도 많지 않은데, 그걸 잘게 쪼개서 매달 일정 금액을 집행하자는 생각이라면 정말 말리고 싶습니다. 영업부서에서는 적은 금액이라도 매달 광고가 집행되기를 바라겠지만, 그 돈은 그냥 새어나가는 돈이 될 가능성이 높습니다. 또 확신이 부족해서 일단 돈을 적게 쓰고 반응을 보자는 것이라면 더욱 말리고 싶습니다. 거의 대부분의 영역이 전력투구를 해도 쉽지 않은 전쟁터입니다. 거기서 한 발을 어정쩡하게 뺀 상태로 승리하기는 쉽지 않습니다. 하기로 했으면 제대로 해야 성공 확률을 높일 수 있습니다.

4장

소통과 공감, 그리고 광고

요즘 가장 인기 있는 단어 중 하나가 소통과 공감입니다. 스마트폰으로 언제든지 전화하고, 카톡하고, 페이스북을 할 수 있는 이 시대에 왜 소통과 공감이 오히려 더 주목받는 것일까요. 역설적으로 피상적인 인간관계에 지쳤기 때문입니다. 진정한 소통과 공감을 위해서는 먼저 서로 많이 알아야 합니다. 속내를 털어놓고 대화해야 합니다. 광고도 마찬가지입니다. 브랜드는 브랜드대로 자기의 모습을 그대로 드러내고 '우리는 이런 사람입니다'라고 말해야 합니다. 또 소비자의 모습을 대충 휙 둘러보지 말고 그 속으로 뛰어들어가 그들의 속내를 들어야 합니다. 광고인은 광고인대로 전문가가 저지를 수 있는 오류를 늘 경계하고 겸손하게 소비자의 이야기를 들어야 합니다. 광고주는 광고주대로 내 고집보다는 주위의 조언을 들어야 합니다.

그런 과정이 쌓일 때, 결과적으로 모두 성공할 수 있습니다. 이 장에서는 몇 편의 광고를 통해 그런 과정에서 무엇이 필요한지를 찾아보겠습니다.

광고, 아는 만큼 보인다

　　　　　　　　　　　　　어느 날 TV에서 차두리가 노래를 했습니다. "간 때문이야, 간 때문이야, 피곤은 간 때문이야." 구김살 없이 해맑고, 건강한 이미지를 가진 차두리가 밴드 멤버들과 함께 노래를 합니다. 약간 어색해 보이는 모습에서 더 친근감이 느껴집니다. 슈퍼맨 옷을 입고 하늘을 납니다. 광고를 보는 순간 정말 빵 터졌습니다.
　재미있는 광고에만 머문 것 같지는 않습니다. 광고주 자료에 따르면 우루사의 2011년 2분기 매출이 전년동기 대비 43퍼센트 증가했고, 이에 따라 시장점유율도 높아졌다고 합니다. 광고의 히트는 물론 매출 상승까지 일궈낸 성공적인 사례입니다.
　워낙 히트했고 많은 얘기들이 오간 광고여서 광고에 대해서 더 논할 필요는 없을 것 같습니다. 다만 여기서 말하고 싶은 것은 고전적 조건화 이론입니다. 고전적 조건화 이론을 가장 간단하게 설명하는 방법은 파블로프의 개 실험 이야기입니다. 개에게 먹이를 주면 침을 흘립니다. 다음에는 개에게 먹이를 주면서 벨을 울려줍니다. 개는 아무 생각 없이 침을 흘리며 먹습니다. 이후에도 계속 먹이를 줄 때마다 벨을 울려줍니다. 이렇게 반복한 다음 어느 날, 먹이를 주지 않고 벨만 울립니다. 그러자 개는 먹이도 없는데 벌써 침을 흘립니다. 그동안의 과정을 통해서 개는 벨이 울리면 먹이를 줄 것이라는 생각, 즉 먹이와 벨을 연관 지어 인식하게 된 것입니다. 좀 더 전문적으로 얘기하자면 원래 무조건 자극(먹이)에는 무조건 반응(침)이 나오는데, 무조건 자극(먹이)과 조건 자극(벨)을 결합해서 계속 제시한 후에는 조건 자극(벨)만 제시해도 조건 반응(침)이 나오게 되는 것입니다.

그런데 고전적 조건화 이론이 우루사 광고와 무슨 관계가 있을까요? 이 광고의 메시지를 간단하게 요약해보면 "간 때문이야. 피곤은 간 때문이야. 우루사"입니다. '피곤-간-우루사'입니다. 이 메시지를 노래에 실어 반복합니다. 광고 내에서도 간 때문이야 2번, 피곤은 간 때문이야 2번을 반복합니다. 광고는 기본적으로 반복 노출이므로 사람들은 수십 번에 걸쳐 이 메시지를 들을 것입니다.

그런데 냉정하게 생각해봅시다. 피곤한 이유가 오로지 간 때문입니까? 아마 수백 가지가 있을 겁니다. 그런데 '피곤-간-우루사'를 반복적으로 제시하면 소비자는 몸이 조금만 피곤해도 먼저 간을 떠올리고, 이어서 자연스럽게 우루사를 떠올리게 됩니다. 실제로 간에 특별

1등 기업의 광고
2등 기업의 광고

한 문제가 있는 것도 아닌데 예방 차원에서 우루사를 정기적으로 먹는 사람도 봤습니다. 이것이 매출 증가의 중요한 원동력일 것입니다.

개에게 실험했던 고전적 조건화를 사람에게 적용한다는 것이 조금 기분이 상하긴 하지만, 많은 성공적인 광고에는 심리학 이론이 숨어 있습니다. 그걸 알고 광고를 볼 때의 재미는 모르고 볼 때와는 많은 차이가 있습니다.

광고를 시작하거나 지망하는 학생들에게 강의할 때마다 꼭 얘기하는 것이 있습니다. 광고를 하려면 반드시 공부해야 할 것이 두 가지 있는데, 하나는 브랜드이고, 다른 하나는 소비자 행동론이라고 말입니다. 브랜드는 말 그대로 브랜드의 시대이기 때문에, 그리고 광고는 브랜드 마케팅의 첨병 역할을 담당하므로 브랜드에 대해 공부하는 것은 필수입니다. 그리고 광고를 하는 사람은 소비자가 어떻게 생각하고 어떻게 행동하는지도 공부해야 합니다. 소비자 행동론에는 물론 경제학, 사회학, 인류학 등 여러 학문 영역이 개입되고 반영되어 있지만 기본적인 토대는 심리학입니다. 따라서 심리학 공부도 기본입니다. 복잡하게 얘기할 것 없습니다. ==광고는 사람의 마음을 움직이는 작업입니다. 그러니 사람의 마음과 행동에 대해 공부해야 하는 것은 더 말할 필요가 없겠지요.==

과거에는 심리학을 접하기가 쉽지 않았습니다. 학부에서 광고 관련 전공자가 아니었던 제가 광고에 입문한 이후 심리학 공부를 조금이라도 해야겠다고 마음먹었을 때, 볼 수 있었던 책도 대학 교재로 쓰는

1등 기업의 광고
2등 기업의 광고 ───

심리학개론 같은 책이었습니다. 전공자도 아니고 독학하는 입장에서 쉽지 않았습니다. 하지만 요즘은 많이 달라졌습니다. 사회 전반적으로 심리학에 대한 관심이 높아졌기 때문인지 딱딱하지 않고 쉽고 재미있게 쓴 심리학 책이 많아졌습니다. 그중에서 한두 권을 골라 읽어보고, 광고에 접목해 생각해보면 좀 더 쉽고 재미있게 광고를 보는 눈을 키울 수 있을 것입니다.

참, 우루사 광고에서 정확한 카피는 "피곤은 간 때문이야"가 아닙니다. 정확히는 "피곤한 간 때문이야"입니다. 인과관계를 100퍼센트 입증할 수 없기 때문에 광고 심의를 통과하기 위해 쓴 카피인 것 같습니다. 자막에서도 "간 기능장애에 의한 피로. 간을 풀어줘야 피로가 풀립니다"라고 피로의 이유를 제한적으로 적시하고 있습니다. 하지만 저에게는 "피곤은 간 때문이야"로 들립니다. 숨어 있는 1인치를 찾는 것도 광고를 연구하는 재미 중 하나입니다.

광고 속 숨은그림찾기

저는 야구를 좋아합니다. 매 순간 순간 상황이 발생하고, 그에 따른 작전을 구사하고, 선수라는 자원을 잘 배분해서 한 주일, 한 달, 그리고 시즌 전체를 끌어가는 것이 마케팅과 유사합니다. 또 객관적인 전력이 다소 부족해도 전략과 동기(motivation)가 받쳐주면 예상을 뒤엎고 이기기도 하는데, 그럴 때 쾌감이 느껴지는 면도 마케팅과 닮았습니다. 그래서 야구감독이 참 매력적으로 보입니다. 일본에서는 남자로 태어나서 한 번쯤 꼭 해봐야 할 직업으로 야구감독을 꼽을 정도로 선망한다고 합니다. 그러니 한국에 아홉 자리밖에 없는 프로야구 감독 자리에 앉은 분들은 능력도 뛰어나지만 복도 많은 분이라고 해야겠지요.

야구에서 비중이 가장 큰 선수는 역시 투수입니다. 아홉 개의 수비

1등 기업의 광고
2등 기업의 광고

포지션을 크게 투수와 야수로 나누는 것만 보아도 투수의 비중이 크다는 것을 알 수 있습니다. 투수가 던지는 공은 크게 직구와 변화구가 있습니다. 저는 변화구가 참 신기합니다. 공을 쥐는 손가락 모양을 달리하는 것으로 어떻게 저런 공이 나올 수 있을까요. 아마추어 선수들의 로망 중 하나가 홈런이고, 다른 하나가 변화구를 제대로 구사하는 것이라고 합니다. 변화구를 제대로 구사할 수 있으면 직구가 더 빛을 발하게 마련입니다. 아무리 빠르고 강한 직구를 가졌더라도 직구만 계속 던지면 타자들이 금방 적응하고 때릴 수 있기 때문입니다.

마케팅도 마찬가지입니다. ==직구만으로는 한계가 있습니다. 올바른 이야기라 할지라도 흥미를 이끌어내지 못하면 자칫 쉽게 사그라질 수 있습니다. 그래서 키워드 하나를 뽑더라도 흥미를 유발할 수 있는 키워드를 찾아내기 위해 고민이 필요합니다.==

《칭찬은 고래도 춤추게 한다》는 100만 부가 넘게 팔린 책입니다. 칭찬의 중요성과 칭찬의 효과를 다룬, 쉽고 재미있으면서도 유익한 책입니다. 그런데 이 책은 처음에 '칭찬의 힘'이라는 제목으로 나왔다고 합니다. 여러분은 어느 제목에 더 흥미를 느낍니까? '칭찬의 힘'이 더 정직한 제목이지만 읽고 싶을 만큼 흥미를 불러일으키지는 못합니다. 실제로 제목을 바꿔서 출간했더니 판매 부수가 10배 증가했다고 합니다. 이것이 키워드의 힘입니다.

얼마 전 화제를 모았던 현대카드의 '옆길로새' 프로젝트는 원래 현대카드의 브랜드 철학인 'make break make'를 영상에 담아내고자 기획

되었습니다. 'make break make'는 새로운 규칙을 만들고(make), 그 규칙조차 시대에 뒤처지면 스스로 부수고(break) 다시 새로운 규칙을 만드는(make) 끊임없는 혁신 정신을 담은 슬로건입니다. 그런데 만약 '옆길로새' 프로젝트가 '옆길로새'라는 제목을 달지 않고 'make break make'를 직접 제목으로 달았다면 소비자 관심도가 어땠을까요? 아마 '옆길로새'보다는 많이 떨어졌을 거라 생각합니다.

=='맞는 말'은 물론 중요합니다. 하지만 흥미를 끌지 못하면 목적을 이루기 어렵습니다. 본질에서 크게 벗어나지 않고, 본질을 담으면서도 흥미 있는 키워드를 찾아내는 것이 필요합니다.== 마케팅, 참 어렵습니다. 하지만 그래서 더 사람을 끄는 묘미가 있습니다.

그렇다면 마케팅의 첨병이라 불리는 광고에는 어떤 묘미가 있을까요. 광고가 가진 묘미는 숨은그림찾기입니다. 예를 들어보겠습니다. "말하지 않아도 알아요. 눈빛만 보아도 알아. 그냥 바라보면 마음속에 있다는 걸. 마음을 나눠요." 선생님에게 혼났던 초등학생이 반성하는 마음으로 쓴 편지를 선생님 책상 서랍에 초코파이와 함께 놓고 도망가는 광고로 시작된 오리온 초코파이 情 캠페인입니다. 전학 가는 친구에게, 건널목 지키는 철도원에게, 집배원 아저씨에게 초코파이는 '정'을 담아 전달됩니다. 마음이 따뜻해지는, 참 좋은 광고 캠페인입니다. 오리온 초코파이는 이 캠페인을 통해 초코파이의 대명사로 확고하게 자리 잡았습니다.

그런데 오리온은 왜 이 광고 캠페인을 했을까요? 우리나라에 따뜻

1등 기업의 광고
2등 기업의 광고

한 정을 나누는 문화가 꼭 필요하다고 생각해서일까요. 물론 그런 아름다운 목적도 있었겠지요. 하지만 저는 새로운 매출 상승의 동력으로 선물 수요를 자극해보자는 목적이 있었을 거라고 생각합니다. 자기가 먹기 위해, 그리고 집에서 아이들에게 먹이기 위해 구입하는 것만으로는 매출 상승에 한계가 있겠지요. 선물 수요를 자극하는 것은 매출을 끌어올리는 좋은 방법이었을 겁니다. 이 캠페인에 참여했던 사람의 이야기를 들어본 적이 있는데, 캠페인의 목적 중 하나는 상자 단위 판매를 늘리기 위한 것이었다고 합니다. 선물을 주려면 아무래도 낱개로 주기에는 좀 그러니, 자연스럽게 상자 단위 구매가 늘어날 것이라는 계산이 있었던 것이지요.

예전에 박카스 광고에서 "진짜 피로회복제는 약국에 있습니다"라는 카피를 본 적이 있을 겁니다. 비타500이 드링크 시장에서 약진하자 이를 견제하기 위해서 당시에는 약국에서만 판매하는 유통 경로의 특성을 강조하여 만든 카피입니다. 재미있는 사실은 우리가 일상생활에서 흔히 쓰는 단어는 드링크인데, 드링크라고 하지 않고 피로회복제라고 말한 점입니다. '~제'라고 하면 확실히 약이라는 느낌이 들고, 이는 박카스를 비타500과 차별화하면서 유통 경로와도 맞는 이미지를 줍니다. 물론 광고 배경으로 약국이 나오는 것도 이런 계산의 일환이지요.

광고에는 이런 숨은 목표와 노림수가 있습니다. 일반 소비자들은 굳이 이런 의도에 신경 쓰면서 광고를 보지도 않고, 또 그럴 필요도 없겠지요. 하지만 광고와 마케팅에 관심이 있는 사람이라면 광고를 볼 때

숨은그림찾기처럼 광고 속에 숨은 목표와 노림수를 찾아보는 노력이 필요합니다. 광고주가 수억 원을 들여 만들고, 수십억 원을 써가며 집행하는 광고만큼 좋은 교재가 또 어디 있겠습니까.

1등 기업의 광고
2등 기업의 광고 ———

광고는 노래다

TV에서 익숙한 멜로디가 나옵니다. "별이 쏟아지는 해변으로 가요.♬" 모델들이 노래를 부릅니다. "땀이 쏟아지면 하이마트 가요.♬" 노래가사 바꿔 부르기를 하는 거죠. 이어서 익숙한 징글이 나옵니다. "하이마트로 가요."

해마다 철마다 계속되는 광고 포맷입니다. 이제는 무척 익숙해진 광고이지요. 2002년에 시작되어 강산도 변한다는 10년을 넘어 13년째 꾸준하게 집행되고 있습니다. 그 긴 세월 동안 슬로건과 슬로건을 담은 징글도 바뀌지 않았습니다. "전자제품 살 땐…… 하이마트로 가요.♬"

시작은 오페라 패러디였습니다. 베르디 오페라 〈리골레토〉에서 유명한 곡 '여자의 마음'을 역시 노래가사를 바꿔 부른 것이었죠. "바람에 날리는 갈대와 같이"라는 가사를 "시간 좀 내주오. 갈 데가 있소"로 바꿔 배우 유준상이 열창을 합니다. 오페라와 뮤지컬이 지금처럼 인기를 끌지 못했던 시절이라 매우 생소한 표현 방식이었습니다. 하지만 많은 관심을 끌었고 이후 오페라 시리즈는 계속됩니다. 성공적인 캠페인의 결과로 2002년 대한민국 광고대상을 받았습니다.

히트 캠페인이 나온 다음에는 지속적인 성공에 대한 부담으로 캠페인 방법을 바꾸는 경우가 많은데 하이마트는 노래를 활용한 캠페인을 일관되게 선보였습니다. 때로는 가요를, 때로는 팝송을, 때로는 클래식을 활용했지만 누구나 쉽게 알 수 있는 멜로디, 때로는 조금 오버하지만 즐겁고 재미있는 분위기를 계속 유지했습니다.

하이마트 캠페인에 대해 "격이 떨어진다", 심지어는 "싸구려 분위기가 난다"고 폄하하는 광고인도 있었습니다. 하지만 10년 넘게 꾸준히 캠페인을 이어오면서 그런 말은 이제 거의 안 나오는 것 같습니다.

==모든 브랜드가 그렇게 엄숙할 필요는 없다고 생각합니다. 업종과 제품, 시장 상황에 따라서 다소 오버를 하더라도 친근하고 재미있게 접근할 필요가 있습니다. 그것이 브랜드 이미지를 근본적으로 깎아내리는 방법이 아니라면 전자제품 양판점인 하이마트 입장에서는 너무 고급스럽고 엄숙하게 접근하기보다는 즐겁고 친근한 느낌을 주는 것이 더 좋은 방법이라고 생각합니다.==

더구나 하이마트 캠페인은 전략적 기초도 튼튼합니다. 매우 전략적인 슬로건인 "전자제품 살 땐 하이마트로 가요"를 잘 지켜나가고 있습니다. 전자제품 살 때는 삼성, LG 대리점 갈 것 없고, 모든 제품을 비

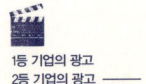
1등 기업의 광고
2등 기업의 광고 ───

교해서 구입할 수 있는 하이마트로 가라는 메시지를 통해 대표 이미지 포지셔닝, 행동 유발 메시지를 잘 전달하고 있습니다.

아무튼 10년 넘게 캠페인을 유지, 발전시켜나가는 것만으로도 캠페인을 만든 분들에게 경의를 표하게 됩니다. 성미 급한 우리나라 정서에서는 참 드문 일이지요.

하이마트 캠페인의 성공 비결은 여러 가지가 있겠지만 그중에서도 노래의 역할이 가장 크다고 할 수 있습니다. 친숙한 멜로디를 통해 기본적으로 관심을 끌고, 광고가 반복되면서 자연스럽게 메시지가 기억나도록 하는 효과를 잘 살리고 있습니다.

그러고 보면 광고에서 노래를 활용하는 경우가 참 많은 것 같습니다. 우리나라 최초의 CM송은 1959년 진로소주의 '진로 파라다이스'라고 합니다. "야야야 야야야 차차차 향기가 코끝에 풍기면 혀끝이 짜르르하네. 진로소주 한 잔이 파라다이스. 진로 한 잔이면 걱정도 없어.♫" 지금 시각에서 보면 조금 노골적인 가사입니다. 요즈음은 소주 TV 광고를 아예 할 수 없는데 말입니다. 이 CM송은 큰 인기를 끌어 어린이들까지 따라 불러서 사회문제가 되었다고 합니다. 어린이들이 모여서 '혀끝이 짜르르', '진로 한 잔이면 걱정도 없어'를 부르는 모습은 상상만 해도 재미있습니다.

CM송으로 유명한 사례 중 하나가 오란씨입니다. "하늘에서 별을 따다 하늘에서 달을 따다 두 손에 담아드려요 오란씨 아름다운 날들이여 사랑스런 눈동자여 오오오 오란씨." 단순하고 경쾌한 멜로디로 많은 사람들의 사랑을 받았습니다. 거의 30년이 다 된 2010년에 오란씨를 다시 론칭하면서 이 CM송을 활용했습니다. 많은 사람들이 그 시절의 추억을 떠올리면서 광고를 주목하게 하는 데 결정적 역할을 한 것이 이 CM송이었습니다.

그 외에도 제가 어렸을 때 많이 불렀던 "아빠 오실 때 줄줄이 엄마 오실 때 줄줄이 우리 집은 오리온 줄줄이사탕"도 기억나고 "열두 시에 만나요 부라보콘 둘이서 만나요 부라보콘 살짝쿵 데이트 해태 부라보콘"도 기억납니다.

요즘 들어서는 썬연료 라디오 광고가 생각납니다. "조강지처가 좋더라. 썬연료가 좋더라. 친구는 오랜 친구. 죽마고우. 국민연료 썬연료." 노래 자체가 좋아서 직장 회식 자리에서 부르는 사람도 있다는 얘기를 들었을 정도이고, 구수한 트로트 가락에 실린 가사가 정확히 기억나는 걸 보면 성공한 광고임이 틀림없습니다.

최근에는 비타500 사례가 있습니다. 2012년에 '착한 드링크'라는 콘셉트를 도입한 이후, 2013년과 2014년에는 친근한 노래와 가사를 통해 소비자 인식 속에 콘셉트를 계속 강화해나가고 있습니다.

CM송은 왜 이렇게 기억나고 효과가 있을까요. 생각해보면 초등학교 때 선생님이 해주셨던 이야기는 가물가물해도 노래들은 대부분 기억이 나지 않습니까? 아마 이것이 CM송의 효과에 대한 근거 중 하나가 되리라 생각합니다. 좀 더 전문적으로 얘기를 해보자면 사람에게는 장기 기억과 단기 기억이 있다고 합니다. 일반적으로 단기 기억은

1등 기업의 광고
2등 기업의 광고

7±2 정도의 정보를 저장합니다. 그래서 휴대폰 번호를 잠깐 외울 때 국번에 신경을 쓰면 뒤의 8자리가 잘 기억이 나지 않습니다. 물론 관여도가 높은 상황에서는 단기 기억의 용량도 증가한다고 하지만 아무튼 단기 기억은 한계가 있을 수밖에 없습니다.

그러면 단기 기억은 어떻게 장기 기억으로 바뀌게 될까요? 가장 쉽고 정확한 방법은 반복입니다. 노래의 기본 속성은 반복입니다. 여러 번 반복해도 싫증나지 않도록 만들어진 것이 바로 노래입니다. 따라서 노래는 쉽게 장기 기억으로 전환되기 때문에 우리 기억 속에 오래 머물게 됩니다.

꼭 CM송이 아니더라도 짧게 반복되는 징글 사운드도 강력한 기억의 힘을 가지고 있습니다. 유명한 인텔인사이드 징글, 휴대폰 연결 음으로도 쓰이는 SK텔레콤 T 징글 등은 이미 그 사운드만으로도 엄청난 가치를 가지고 있습니다.

어떤 광고주 회장님은 '광고는 노래다'라는 지론을 갖고 있다고 합니다. 광고 전략과 무관하게 '전가의 보도'처럼 다 사용될 수 있는 것은 아니겠지만, 노래는 분명 광고 효과를 높이는 기능이 있습니다. 목적과 상황에 따라 노래를 잘 활용하는 것도 좋은 광고 캠페인을 만드는 방법 중 하나입니다.

손실 혐오

　　　　　　　　　　　홈쇼핑은 방송이기도 하고 동시에 광고이기도 합니다. 매일 소비자 눈앞에서 불꽃 튀는 경쟁이 펼쳐지는 마케팅 전쟁터입니다. 홈쇼핑을 통해 무명의 중소기업이 크게 성장한 사례도 여럿 있습니다. 홈쇼핑에는 다양한 마케팅 기법이 숨어 있어 광고와 마케팅을 하는 사람들에게 좋은 교재가 되기도 합니다.

　여기서 주목하는 것은 홈쇼핑의 시간 제한 기법입니다. 어떤 홈쇼핑이든 상품을 소개하다가 어느 정도 시간이 흐르면 종료까지 몇 분 몇 초가 남았다는 타이머가 화면에 나타납니다. 더불어 쇼호스트가 시간이 얼마 남지 않았다는 말을 연거푸 날립니다. 아직 결정하지 못했는데 시간이 별로 없답니다. 심장이 좀 더 빠르게 뜁니다. '이번 방송에서만 적용되는 상품 구성'이라는 말이 두세 번 더 반복되면, 기회를 놓치면 안 되겠다는 생각이 듭니다. 사실 방송에서 여러 번 '역대 최강 구성'이라는 말이 나오는 걸 아는데도 결국 전화기를 들고 신용카드를 꺼냅니다.

이런 기법이 먹히는 이유는 심리학에서 말하는 '희귀성의 법칙' 때문입니다. 사람은 무엇인가를 얻는 것보다 잃는 것에 훨씬 큰 자극을 받습니다. 홈쇼핑에서 시간이 얼마 남지 않았다고 재촉하면 구매 기회를 잃을 것 같아 초조해집니다. 홈쇼핑이 아니더라도 수량을 정해놓고 한정 판매를 하는 것도 같은 원리입니다. 금지되거나 접근할 수 없게 되면, 더 좋고 더 하고 싶은 것이 사람의 마음이니까요. 재고정리 세일을 할 때 서로 물건을 집으려고 다투는 모습까지 보게 됩니다. 어렵게 물건을 차지하고서는 '오늘 돈 벌었다'고 좋아하지만, 따져보면 굳이 필요하지도 않은 물건에 돈을 쓴 경우가 많습니다. 경매도 마찬가지입니다. 가끔 비정상적으로 높은 가격에 낙찰된 경매 기사가 나오는데, 이것도 경쟁심과 더불어 남에게 빼앗기는 것을 본능적으로 싫어하는 마음이 표출되었기 때문입니다.

이렇게 손실을 싫어하는 것을 손실 혐오(loss aversion)라고 합니다. 노벨 경제학상을 받은 심리학자 대니얼 카너먼의 이론에 따르면 일반적으로 손실은 이익보다 2.5배 더 큰 영향력을 가진다고 합니다. 예를 들어 "현금으로 구매 시 1000원 할인 혜택을 드립니다"와 "신용카드로 구매 시 1000원 추가 요금이 부과됩니다" 중에서 어느 안내 문구가 현금 구매를 더 많이 유도할까요? 후자입니다. 전자는 이익의 프레임으

1등 기업의 광고
2등 기업의 광고

로 구성되어 있지만, 후자는 손실의 프레임으로 구성되어 있기 때문입니다. 특히 남보다 뒤처지는 것을 못 견디는 우리나라 사람들의 특성을 감안하면 손실의 영향력은 더 클 수도 있겠지요.

손실 혐오 현상은 우리 생활에서 광범위하게 일어납니다. 고속도로 정체 시에는 이상하게 내가 선 차로만 더 느린 것 같습니다. 그래서 차로를 바꾸곤 하는데 실제로 정체 상황에서는 차로 간에 큰 차이가 없습니다. 이런 현상도 손실 혐오라 할 수 있습니다. 재미있는 점은 차로를 바꾸고 나면 갑자기 원래 차로가 더 잘 빠지는 느낌을 받는다는 것입니다.

홈쇼핑에서 많이 하는 '반품 보장 마케팅'도 손실 혐오를 이용한 방법입니다. 한 달 후 마음에 들지 않으면 반품과 환불이 가능하다는 말에 소비자는 부담을 덜 느끼고 좀 더 쉽게 구매 결정을 내립니다. 그런데 한 달이 지나고 나면 웬만하면 반품하고 환불받기가 쉽지 않습니다. "든 자리는 몰라도 난 자리는 안다"는 말처럼 제품을 도로 내놓는 손실이 돈을 돌려받는 이득보다 더 크게 느껴지기 때문입니다.

광고에서도 이런 심리를 잘 활용해서 전략을 구사하고, 카피 하나하나를 세심하게 다듬는다면 더 좋은 효과를 낼 수 있을 것입니다.

팩트는 힘이 세다

 톱스타가 나옵니다. 그녀는 거기에 살지 않습니다. 유럽의 성이 나옵니다. 우리의 주소지는 대한민국입니다. 이해는 합니다. 그래야 시세가 오를 것 같으니까. 하지만 생각해봅니다. 가장 높은 시세를 받아야 하는 것은 무엇인지. 저희가 찾은 답은 진심입니다.

 수많은 아파트 광고를 보면서 누구나 가져봤을 의문입니다. 그 멋진 여배우들은 정말 그 아파트에서 살까. 기사를 보니 광고하는 그 아파트에 살지 않고 고급 빌라에 산다던데……. 그런데도 그 회사는 왜 계속 모델 계약을 할까. 어느 동네 아파트를 가봐도 유럽의 성 같은 곳은 없던데…….
 "아파트는 고가를 넘어 초고가 상품이다. 거의 모든 사람이 거의 전

1등 기업의 광고
2등 기업의 광고

재산을 쏟아붓는 엄청난 상품이다. 당연히 최고급 프리미엄 이미지를 추구해야 한다." 그러니 아파트 광고는 고급스러워야 하고, 그러기 위해서는 사람도, 배경도, 이미지도 모두 고급스러워야만 한다고 생각했지요. 그걸 정한 사람은 아무도 없지만 말입니다. 그런 아파트 광고를 당연하게 생각하던, 우리 모두가 가지고 있던 관성을 깨고, 우리 마음속에 작게 자리 잡고 있던 의문을 짚어준 광고, 바로 e편한세상 광고입니다.

저는 평소 정반합(正反合)이 세상이 발전하는 원리라고 생각합니다. 어느 시대 어느 상황이든 그때를 지배하는 룰, 즉 정(正)이 있게 마련이지요. 하지만 시간이 흐르면서 모순이 생깁니다. 그 이유는 두 가지. 시간이 흘러서 상황이 변했기 때문에, 그리고 그런 변화에도 불구하고 '정'은 변화를 잘 받아들이지 않기 때문입니다. 모순이 쌓이고 쌓여 대안을 갈구하는 상황에서 '반(反)'이 등장하게 됩니다. 둘은 치열한 싸움을 거쳐 결국 '반'이 새로운 '정'으로 자리 잡게 됩니다. 하지만 그 '정'은 이전의 '반'과 완전히 같지는 않습니다. 싸움의 과정에서 변화되고 수정되고 기존 '정'의 장점까지 흡수해서 진화한 모습입니다.

e편한세상은 뭔가 '이게 아닌데' 하는 느낌이 쌓여가는 시점에 적절하게 잘 파고들어 대안을 제시했기 때문에 많은 호응을 받은 것이 아닌가 합니다.

e편한세상 광고 캠페인도 워낙 알려진 내용이라 자세히 언급하지는 않겠습니다. 다만 여기서 얘기하고 싶은 것은 팩트(fact)의 힘입니다.

흔히 광고에서 중요한 개념으로 ROI를 이야기합니다. ROI는 relevance(연관성), originality(독창성), impact(영향력)의 약자입니다. 제품·타깃·광고 목표에 적절하게 부합하는가. 차별적 사실의 전달 또는 주장의 차별화가 되어 있는가. 메시지를 전달함에 있어 강력한 침투력을 갖는가. 이것이 좋은 광고를 판단하는 기준인 ROI의 의미입니다. 이 세 가지를 모두 충족하는 광고는 정말 쉽지 않지요. 하지만 목표가 막연하지 않고 분명해야 좋은 결과를 기대할 수 있겠지요. 그런 면에서 ROI는 분명한 기준을 제시해주는 장점이 있습니다.

ROI 중에서도 여기서 주목하는 것은 독창성(originality)입니다. originality는 크게 두 가지입니다. 차별적 사실을 전달하거나 혹은 주장을 차별화하거나. 만약 타 브랜드와 다른 차별적인 사실이 있다면 그 자체가 뉴스입니다. 뉴스에는 사람들의 눈과 귀를 끄는 힘이 있습니다. e편한세상은 비현실적인 프리미엄 이미지만을 좇는 브랜드들과 달리 '진심'이라는 키워드로 콘셉트를 차별화하고, 팩트들을 증거로 제시하여 소비자의 동의를 얻는 캠페인을 전개했습니다.

여기서 중요한 것은, 그 팩트가 반드시 거창할 필요는 없다는 점입니다. 아주 작은 사실이라도 타 브랜드와 달라 보이면 됩니다.

10센티미터 더 넓은 주차장, 1층 집 별도 출입문, 1.5층 만들기, 새집증후군 감소를 위한 베이크아웃 서비스 등도 따지고 보면 그렇게 거창한 것이 아닙니다. 실제로 광고주 측에서는 10센티미터 더 넓은 주차장이 무슨 광고 소재가 되겠냐는 의문을 가진 사람도 있었다고 합

1등 기업의 광고
2등 기업의 광고

니다. 하지만 그렇지 않습니다. 광고주 입장에서는 늘 접하는 것이기에 별거 아니지만 소비자에게는 뉴스가 될 수 있습니다.

CJ에서 만든 프레시안 론칭 광고도 비슷한 사례입니다. '맛있는 자연주의'라는 슬로건 아래 "자연 그대로도 맛있는 길은 있다. 어딘가. 반드시"라는 카피를 통해 프레시안의 노력을 전달한 론칭 광고에서 선보인 팩트는 다음과 같습니다. 지방 8퍼센트 미만 가다랑어만 선별해서 만든 가쓰오부시, 다도해 바닷물을 이용한 두부 천연 응고제, 닭 모이부터 관리한 달걀, 신선식품 매일 배송. 거창하진 않지만 노력이 느껴지는 팩트들입니다.

팩트가 아예 없는 브랜드가 있을까요? 누구나 성공하기 위해서, 경쟁에서 이기기 위해서 노력합니다. 적당히 따라가자는 브랜드는 브랜드로 성공하기 어렵습니다. 그런 경우를 제외하고 노력하는 브랜드는 크건 작건 팩트를 가지고 있습니다. 그것이 소비자에게 통할지를 판단하는 기준은 브랜드 관계자의 눈이 아니라 소비자의 눈이어야 합니다. 그래서 제3자의 시각이 필요하고, 광고 전문가라는 제3자의 역할이 필요한 겁니다.

사실 앞서 얘기한 팩트들이 e편한세상의 모든 아파트, 아니 다수의 아파트에 적용되고 있는 것도 아닙니다. 한번 지으면 개선하기가 굉장히 어려운 아파트의 특성상 더 그럴 수밖에 없지요. 하지만 "하나를 보면 열을 안다"는 옛말이 있지 않습니까. 크든 작든, 모든 아파트에 적용되든 그렇지 않든, 하나의 콘셉트 속에서 팩트가 계속 쌓여가면,

사람들은 'e편한세상은 뭔가 다를 거야'라고 생각하게 됩니다. 다시 말해 브랜드에 대해 긍정적인 태도를 갖게 되는 것입니다.

==광고의 목표는 궁극적으로 소비자의 행동 변화입니다. 구체적으로 말하면 상품 구매라는 행동을 추구하는 것이겠지요. 하지만 행동 변화에는 시간이 걸리게 마련이고, 또한 상품 구매에는 광고 외에도 많은 변수들이 작용하게 마련입니다. 그래서 광고의 목표로 소비자의 태도 변화를 설정하는 것이 적합한 방법입니다.==

1961년 미국 광고주협회에서 연구를 의뢰하여 러셀 콜리가 발간한 〈DAGMAR(Defining Advertising Goals for Measured Advertising Results)〉에서 광고의 목표를 커뮤니케이션 효과(인지도, 이해도, 선호도 등)로 명확히 설정할 것을 제안한 이후, 광고 목표는 즉각적인 판매 증진보다는 소비자의 태도 변화에 초점을 맞추고 있습니다. 물론 직접 반응 광고 등 판매 효과를 즉각적으로 추구하는 광고도 있지만, 기본적으로 광고는 소비자의 마음을 놓고 경쟁하는 긴 호흡의 싸움입니다.

e편한세상은 그 긴 싸움의 물꼬를 제대로 튼 것 같습니다. 앞으로 얼마나 인내심을 가지고 꾸준히, 그러면서도 조금씩 새로움을 주느냐는 어려운 숙제가 놓여 있겠지요. '늘 한결같은 사람. 그러면서도 새로움이 있는 사람'이 되는 것, 얼마나 어렵습니까. 하지만 가치 있는 목표이기에 도전하고픈 마음이 드는 것이지요. 브랜드도 마찬가지라고 생각합니다.

1등 기업의 광고
2등 기업의 광고 ———

마음에서 우러나온 이야기

　　　　　　　　　　　　　　　　　　GE(제너럴 일렉트릭)는 누구나 인정하는 가장 선진적인 기업 중 하나입니다. GE에서 인정한 소비자 조사 기법이 있습니다. 베인앤컴퍼니라는 유명한 컨설팅 회사에서 개발한 NPS(Net Promoter Score, 순 추천고객지수)입니다.

　조사는 아주 간단합니다. "이 제품을 당신의 친구나 주위 사람들에게 추천할 마음이 있는가"라는 질문을 던집니다. 이 질문에 9~10점을 준 사람의 비율에서 0~6점을 준 사람의 비율을 뺀 것이 NPS 수치입니다. 고객의 충성도를 알아볼 수 있는 지표로 유용하다고 판단한 제프리 이멜트 GE 회장은 GE 전 사업 부문에서 도입하여 활용할 것을 지시했다고 합니다.

　베인앤컴퍼니에 따르면 미국 평균은 5~10퍼센트이며, 애플, 사우스

웨스트 항공사 등 그동안 높은 성장률을 보였던 회사들이 50퍼센트 안팎, 특히 할리데이비슨 오토바이는 80퍼센트에 육박하는 높은 성적을 보이고 있답니다. 한국에서도 이를 도입한 회사들이 있는데, 마이너스를 기록하는 경우도 좀 있다고 합니다.

NPS 점수를 높게 받으려면 열성적인 지지를 보낼 뿐만 아니라 주변에 적극적으로 추천하는 소비자층이 많아야 합니다. 여기서는 NPS를 높이는 전략보다는 왜 GE에서 이 방법을 최고의 고객 지표로 여기고 선택했는가를 얘기해보고자 합니다. GE는 역사도 깊고, 사업 영역도 다양하고, 규모도 큰 세계적인 기업입니다. 수많은 컨설팅 회사와 조사 회사들이 최첨단 기법을 다양하게 선보였을 것입니다. 그런데도 이 투박해 보이는 조사 방법을 선택한 이유가 무엇일까요. 바로 소비자의 진심을 알아낼 수 있기 때문이 아닐까 합니다.

소비자 조사를 한다고 하면 소비자들은 알게 모르게 조사 모드로 바뀝니다. 평상시의 생각이 그대로 투영되기보다는 평가적인 태도로 바뀌거나, 사회 규범에 부합하는 응답을 하거나, 심지어 잘 모르는 부분도 안다고 대답합니다. 그래서 잘못된 소비자 조사 결과를 바탕으로 잘못된 전략을 세우게 되는 위험한 상황이 발생할 수 있지요.

그런데 NPS 질문에서는 친구와 지인을 구체적으로 거명합니다. 그들에게 추천할 마음이 있느냐고 묻습니다. 솔직하지 않으면 안 될 것 같습니다. 그래서 NPS에는 소비자의 마음이 제대로 담기는 것입니다.

==일반적으로 구전은 광고보다 7배의 효과가 있다고 합니다. 광고는==

1등 기업의 광고
2등 기업의 광고 ———

==목적성을 가진 상업 행위입니다. 누구나 그 의도를 알고 있습니다. 하지만 가까운 사람들의 말에는 진심이 담겨 있고, 이해관계가 개입되지 않은 의견이라고 믿게 됩니다.==

인터넷 공간에서도 마찬가지입니다. 제품이나 브랜드 홍보 목적이 분명한 웹사이트보다 블로그의 정보를 더 신뢰하는 경향이 있습니다. 물론 최근 파워 블로거와 기업이 결탁하는 과도한 블로그 마케팅의 실태가 알려지면서 블로그에 대한 신뢰도가 많이 떨어지긴 했지만 기본적으로 자기가 좋아서 글을 올리는 사람이라는 생각이 있기 때문에 웹사이트보다 더 신뢰하는 것 같습니다.

그러면 광고는 필요 없는 것일까요. 구전이 잘 일어나도록 블로그를 효과적으로 관리하고, 열성적인 지지자들을 모아서 특별히 대접해주면 고객 충성도는 자동으로 높아질까요. 저는 그렇게 생각하지 않습니다. 광고는 사람들을 그 브랜드로 결집시키는 콘텐츠 역할, 그 브랜드에 대한 이야기를 촉발하는 촉매제 역할을 한다고 생각합니다. 광고와 구전 중에 무엇이 더 센가를 따지기보다는 광고와 구전을 적절히 결합해서 효율을 극대화하는 전략을 모색하는 것이 필요합니다.

남자의 물건

　　　　　　　　　　미남 배우가 많지만 제 눈에는 장동건만한 배우가 없는 것 같습니다. 이제는 살짝 세월이 묻어나는 얼굴이 마냥 젊기만 한 얼굴보다 더 정감 있게 느껴지는 나이가 되어서인지도 모르겠습니다. 연기도 열심히 하고, 사람에 대해서도 좋은 평판이 들려옵니다. 그가 나온 광고 중에 제 마음에 드는 광고 한 편이 있습니다.

　메이크업 아티스트와 매니저. 10년 넘게 동고동락한 사람들을 초대해 벌이는 파티. 옷장을 열고 셔츠를 입고 시계를 차고…… 파티 준비를 마친 장동건이 직접 카메라를 들고 동영상을 찍고 위스키를 마십니다. 그의 모든 모습이 멋져 보입니다. 그가 사용하는 모든 제품이 괜찮아 보입니다. 어쩌면 그는 그가 사용하는 제품들로 대변되는지도

1등 기업의 광고
2등 기업의 광고

모르겠습니다.

TV 광고를 하는 것은 아니지만, 인쇄 광고로 꾸준히 캠페인을 전개하는 브랜드도 있습니다. 최고급 시계 브랜드 오메가입니다. 카피는 심플합니다. 'OOO's Choice.' 조지 클루니, 그렉 노먼, 니콜 키드먼, 신디 크로포드, 장쯔이, 심지어 제임스 본드(물론 그 역할을 한 배우이지만)도 출연합니다. 모두 한 분야에서 일가를 이룬 사람들입니다. 나이가 어느 정도 있어 고급스러운 느낌을 주는 사람들입니다. 이런 광고를 보면서 사람들은 오메가에 대한 이미지를 그려가고, 또 기존에 가진 이미지를 강화하기도 합니다.

좀 더 직접적인 광고가 한 편 있습니다. 산사춘 광고입니다. 카피는 이렇습니다.

"그녀는 레이밴을 좋아합니다. 아톰을, 모나미볼펜을, 폴라로이드를, 삼청동을 좋아합니다. 그리고 산사춘을 좋아합니다." 정확하게 말하기는 어려워도 그녀가 무엇을 좋아하는지, 어떤 취향을 가진 사람인지 어렴풋하게 알 것 같습니다.

"그가 사용하는 브랜드가 바로 그다"라는 말이 있습니다. 자본주의 사회에서 브랜드는 자기를 표현하는 중요한 도구입니다. 브랜드에는 사회적 합의가 있습니다. 이 브랜드를 사용하는 사람의 이미지는 이러하고, 저 브랜드를 사용하는 사람의 이미지는 저러하다는 합의가 존재합니다. 그에 따라 사람들은 브랜드를 취하기도 하고, 버리기도 합니다. 그래서 그가 사용하는 브랜드는 사회적으로 합의된 이미지의 그를

==대변합니다.== 어찌 보면 브랜드가 사람의 이미지를 만드는 것이지요. 그러고 보면 브랜드도 사람임이 분명합니다. 사람이 아니라면 어떻게 브랜드 퍼스낼리티(brand personality)라는 용어를 쓸 수 있을까요.

몇 년 전 김정운 교수의 《남자의 물건》이라는 책이 베스트셀러가 된 적이 있습니다. 제목은 야릇하지만 명사들의 애장품을 소개하고 그에 관련한 인생 이야기를 인터뷰한 내용이었습니다. 명사들의 이야기를 들으며 그에 대한 이미지가 선명하게 정리되는 느낌을 받게 됩니다. 브랜드와 직접 관련된 것은 아니지만 결국 사람은 그가 사용하고 아끼는 물건의 이미지로 표현된다는 생각이 듭니다.

브랜드는 목표하는 선명한 이미지가 있어야 합니다. 그것을 정하고 구축해가는 고통스러운 과정을 겪어야 비로소 그 이미지를 자신의 것으로 받아들이는 후원자들이 나타나게 됩니다. 그들은 단지 브랜드를 물건으로만 대하지 않고, 자신의 이미지를 대변하는 소중한 것으로 받아들입니다. 그런데 만약 브랜드가 좌충우돌, 우왕좌왕한다면 과연 누가 그 브랜드를 내 것이라고 생각하겠습니까.

1등 기업의 광고
2등 기업의 광고 ———

30억으로 300억 캠페인 만들기

"봄에도 집합 공부, 가을에도 집합 공부. 첫 단원만 너덜너덜." 학창 시절을 보낸 사람이라면 누구나 웃음 짓게 하는 카피였습니다. "한 달 남은 시험 기간 눈 떠보니 다음 주고 눈 떠보니 코앞이네." 이런 경험 한 번 없다면 '교과서만 충실히 봤고 잠은 충분히 잤으며 공부는 예습 복습 위주로 했다'는 절대로 공감 안 가는 멘트를 날려본 사람이겠지요. 그만큼 공감할 수 있는 카피이고 그래서 많은 사랑을 받은 광고가 아니었나 생각합니다.

지난번에 제가 다니는 TBWA 홈페이지를 개편하는 작업이 있었습니다. 그때 성공 캠페인 사례 중의 하나로 우공비 캠페인이 실렸는데, 그 첫머리에 쓰인 글이 바로 '30억으로 300억 캠페인 만들기'입니다. 광고 예산이 넉넉하지 않은 광고주에게 '적은 예산으로 어떻게 광고 효과를 높일까'는 가장 큰 고민입니다. 고민하고 또 고민한 결과로 이런 광고를 만들어보기도 하고, 소비자의 반응이 시원치 않으면 저런 광고를 만들어보기도 합니다. 혹시 괜찮은 반응을 얻은 광고가 한 번 나오면 더 큰 대박을 꿈꾸며 또 다른 스타일, 또 다른 메시지의 광고를 찾기도 합니다. 그렇게 이런저런 새로운 시도를 해보는 것은 오히려 예산이 많은 광고주에게 어울릴 법한 일이지요. 왜냐하면 그런 광고주들은 예산 여유가 있기 때문에 일정한 예산을 부분적으로 할애해서 새로운 시도를 해볼 용기를 낼 수도 있으니까요. 예산이 적은 광고주들이 치열한 광고 경쟁에서 이길 수 있는 방법은 소위 '히뜩' 한 아이디어를 찾아 이리저리 방황하는 것이 아니라 '누적'을 하는 길 외에는 없습니다.

왜냐? 이유는 간단합니다. 남들은 열 번 이야기할 기회가 있을 때, 우리는 세 번밖에 이야기할 기회가 없다고 합시다. 더구나 사람들은 우리 얘기를 그렇게 진지하게 들어줄 마음도 없습니다. 그때 어떻게 해야 하겠습니까? 기억에 남으려면 같은 이야기를 반복해서 이야기하는 방법밖에는 없습니다. 그래야 우리 이야기가 기억에 남을 가능성이 생깁니다. 그러니까 소비자들이 좋아하고, 가능성이 조금 엿보이는 광고가 나오면 같은 스타일로 적어도 몇 년 동안 쭉 밀고 나가야 합니다. 하이마트 캠페인, 핫초코 미떼 캠페인이 어떻게 여러분의 기억에 남게 되었을까요? 그 이유는 단연코 '누적'입니다. 그래서 예산이 적을수록 누적할 수 있는 방법을 찾아야 합니다.

1등 기업의 광고
2등 기업의 광고 ———

본론이 먼저 나왔지만, 그래서 우공비 광고는 두 가지 원칙을 지켰습니다. 첫째, 학생과 학부모 모두 공감할 수 있는 소재를 찾았습니다. 그 이전에는 구매자(buyer)와 사용자(user)를 구분해서 한 쪽만을 대상으로 메시지를 던지는 경우가 많았는데, 우공비 광고는 학생과 학부모의 공감 지점을 찾기 위해 노력했습니다. 광고 제작에 참여한 사람 모두가 자신의 경험담을 털어놓고 토론하는 과정에서 자연스럽게 가장 많은 공감을 받은 이야기로 정리가 되었습니다. 둘째, 쉽고 따라 부를 수 있는 멜로디에 가사를 실었습니다. 광고 노출 기회가 적을수록 금방 이해되는 익숙한 멜로디를 활용하는 것이 오래 기억하게 하는 좋은 방법입니다.

광고 2차 연도에도 이 원칙에 맞게 두 편의 광고를 만들었습니다. "3번 아님 4번인데…… 내기 직전 고쳤다네." "책상 정리하고 나서, 침대 정리하고 나서." 시험만 보면 3번과 4번 사이에서 고민하고, 공부만 하려고 하면 갑자기 청소가 하고 싶어지는 아이들의 심리를 재미있게 다룬 광고를 만들어 집행했습니다.

이렇게 2년 동안 광고가 집행되자 우공비 광고 스타일을 알아보는 소비자가 많아졌습니다. 내 이야기 또는 우리 아이 이야기로 느껴지는 광고, 따라 부르기 쉬운 즐거운 멜로디…… 아무튼 ○○○스타일로 인식된다는 것은 사람들의 마음속에 자리 잡았다는 뜻이지요.

그다음 해 우공비는 새로운 고민에 빠졌습니다. 중고생 시장이 EBS의 영향을 받아 성장의 한계를 보일 것이라는 우려 속에 초등학생 시장으로 적극 진출하기로 했습니다. 당연히 브랜드에 대한 고민이 시작되었고, 결론은 우공비 초등이었습니다. 상식적이고 쉬운 결론으로 보이지만 확장을 한다는 것은 브랜드에 힘이 있고 자신감이 있어야만 가능한 일입니다. 남양유업이 '맛있는 우유 GT'로 성공을 거두니까 '맛있는 두유 GT'로 확장할 수 있는 것이지요. 사실 확장을 하고 싶어도 하지 못하는 브랜드가 대부분입니다. 우공비도 브랜드를 확장하는 마당에서 같은 톤과 같은 방식의 광고를 유지하는 것이 당연한 선택이었습니다. "아침에 본 문젠데 순서 바뀌어 헷갈려." "진짜 하려고 했는데…… 꼭 하려고 하면 공부하래." 역시 초등학생의 눈높이에서 공감할 수 있는 내용으로 즐거운 멜로디의 광고를 만들어 집행했습니다.

다행히 반응이 좋아 초등학생 시장에 비교적 성공적으로 진입할 수 있었다고 합니다.

다시 한 번 강조하겠습니다. 떨어지는 물방울이 비록 약해 보여도, 한곳에 계속 떨어지면 결국 바위에 구멍을 뚫을 수 있습니다. 예산이 부족하고 적을수록 막연히 '히뜩한' 것을 찾아 헤매지 말고 누적 효과를 만들 수 있도록 노력해야 합니다. 그래서 30억 원으로 300억 원의 효과를 만들어야 합니다.

바꿀 땐 과감하게, 그 후엔 진득하게

우리나라 광고·마케팅 역사에서 가장 많이 언급되는 브랜드 중 하나가 다시다입니다. 그런데 다시다를 말하려면 떼어놓을 수 없는 브랜드가 바로 미원입니다. 미원은 과거 화학조미료 시절의 강자였습니다. 미원은 1958년 론칭한 브랜드로 식재료가 신통치 않아도 맛을 내주는 신비의 제품이었습니다.

급속하게 시장을 장악한 미원에 맞서 제일제당에서 1964년 선보인 제품이 '미풍'이었습니다. 아쉽게도 이름에서부터 아류의 느낌이 납니다. 미원에 맞서 미풍은 삼성의 자존심을 걸고 처절하게 노력했지만 계속 참담한 패배를 맛보았습니다.

일설에 따르면 이병철 삼성 회장이 "내 인생에서 마음대로 안 된 것이 세 가지가 있는데 하나는 골프, 둘은 아들, 셋은 미원이다"라고 말했다고 합니다. 그 정도로 삼성의 일등 정신에 상처를 준 제품이라 할 수 있습니다.

계속 패배를 거듭하다가 천연조미료 '다시다'를 선보이면서 시장의 주도권을 잡기 시작했습니다. 천연조미료라고 하지만 사실 MSG가 20퍼센트 이상 들어가고 거기에 쇠고기 분말, 마, 마늘 등을 첨가했기 때문에 복합조미료라고 부르는 것이 맞겠지요. 아무튼 시대의 흐름이 고급화, 천연재료 선호 등으로 가는 것을 잘 파악하고 그 길목을 잡은 현명한 선택이었습니다. 처음에는 그다지 심각하게 생각하지 않았던 미원은 다시다에게 역전을 허용한 후에 뒤늦게 맛나, 감치미 등을 선보이며 반격을 시도했으나 결과는 신통치 않았습니다. 재미있는 사실은 미풍처럼 맛나, 감치미도 다시다의 아류 느낌이 난다는 것입니다. 역시 역사는 돌고 도는 것 같습니다. 시대의 흐름을 다시다가 먼저 잡았기 때문에 승부는 이미 기운 것이었습니다.

앞서 살펴본 게토레이 사례, 즉 '이온음료' 개념으로 시장을 선점한 포카리스웨트에 대항하여 '갈증 해소 음료'라는 새로운 개념을 창출한 사례도 유사한 경우입니다. 적극적으로 투자해도 기존의 강자가 쌓아 놓은 아성을 도저히 무너뜨릴 수 없다는 판단이 들면, 싸움의 장을 옮겨야 합니다. 되지도 않는 일에 계속 병사를 몰아붙여 사지로 끌고 가는 장수는 진정한 장수라고 할 수 없습니다. 냉정하게 말하자면 자신은 그나마 장렬하게 죽었다는 명예라도 남겠지만 병사들은 쓸모없이 개죽음을 당하는 것이니까요.

1등 기업의 광고
2등 기업의 광고 ———

기존의 강자가 워낙 강하다면 다른 방법을 찾아야 합니다. 껌 시장에서 롯데 자일리톨, 초코파이 시장에서 오리온 초코파이, 유기농 식품에서 풀무원. 이런 브랜드들에 대항해서 계속 같은 방법으로 전력을 낭비하는 것은 어리석은 일입니다. 어떻게든 싸움의 장을 바꾸려는 노력을 해야 합니다. 그 방법을 찾는 것이 마케터가 하는 일입니다.

어렵사리 전략을 짜고 방향을 전환했습니다. 그다음엔 어떻게 해야 할까요? 진득하게 해야 합니다. 2011년, 참으로 오랜만에 다시다 광고를 보았습니다. 산들애 광고가 나온 후엔 다시 광고가 없었으니까 정확히 5년 만입니다. 권상우와 임현식이 부자로 나옵니다. 사모하던 오여사를 친구에게 빼앗긴 임현식이 드러누워서 밥을 안 먹겠다고 심통을 부립니다. 사랑이 밥 먹여주냐는 아들 말에 찌개를 한 숟갈 뜨고 그 맛에 감동합니다. "그래, 이 맛이야."

또 한 편에는 권상우가 남편으로 나옵니다. 뭔가 크게 잘못을 저지른 모양입니다. 눈치를 보며 밥을 열심히 먹다가 맛있냐고 핀잔 주듯 물어보는 아내의 말에 "엄마가 해주는 것보다 맛있다"라고 능청을 떱니다. 오랜만에 본 다시다 광고가 반가웠습니다. 더구나 예전 그 카피, 그 슬로건 그대로 돌아온 것이 마음에 들었습니다.

자료를 찾아보니 '고향의 맛' 슬로건이 마지막으로 쓰인 TV 광고는 2000년이더군요. '고향의 맛' 캠페인이 1987년에 시작되었다고 하니 무려 13년이나 집행된 캠페인이었습니다. 그리고 그 캠페인에서 가장 기억나는 카피는 "그래, 이 맛이야"였습니다. 그 카피와 그 슬로건이 오랜만에 돌아왔으니 당연히 반가울 수밖에요.

'고향의 맛' 캠페인의 광고 하나하나를 소개하거나 화려한 수상 내역을 이야기할 필요는 없을 것 같습니다. 여기서 말하고 싶은 것은 3C이니까요. 3C가 뭘까요. 마케팅 잘하기로 유명한 P&G의 브랜드 관리 원칙입니다. 3C는 consistency, consistency, consistency입니다. 첫째도 일관성, 둘째도 일관성, 셋째도 일관성이라는 것이죠. 백번 맞는 말입니다. 일관성 없이 이리 갔다 저리 갔다 하는 브랜드를 누가 기억하고 좋아해주겠습니까. 광고도 마찬가지입니다. 일관성 없이 우왕좌왕하는 광고를 누가 좋아하겠습니까. 그리고 일관성을 지켜야 하는 현실적인 이유도 있습니다.

==《하버드 비즈니스 리뷰》에 따르면 하루 동안 집행되는 광고 중에서 소비자 눈에 띄는 광고는 15퍼센트 정도라고 합니다. 광고에만 주목하는 사람은 거의 없을 테니 당연한 일이겠지요. 그중 소비자가 기억하는 광고는 20퍼센트 미만입니다. 하루가 지나면 그중 30퍼센트가 망각된다고 합니다.== 결국 하루만 지나도 소비자의 머릿속에 남는 광고는 2퍼센트에 불과합니다. 이것이 시사하는 바는 무엇일까요. 끊임없이 반복하지 않으면 기억되기 어렵다는 것입니다. 그래서 일관성을 가지고, 끈기 있게 지속하지 않으면 결국 돈만 새고, 효과도 없는 것이 광고입니다. 조금 다른 얘기이긴 하지만 인디언들이 기우제를 지내면 정말 비가 온다고 합니다. 왜냐하면 비가 올 때까지 기우제를 지내기 때문입니다.

우리의 광고 현실을 보면 조금 답답합니다. 물론 장기 캠페인을 만드는 브랜드가 예전보다는 많아졌습니다. 하지만 6개월, 1년 단위로 캠페인 슬로건을 바꾸면서 새 캠페인을 시작하는 곳이 아직도 많습니다. 심지어는 6개월, 1년마다 브랜드 슬로건이 바뀌는 곳도 있습니다. 이래서야 어떻게 소비자가 기억하고 사랑하는 브랜드가 될 수 있겠습니까. 일본만 해도 캠페인을 만든다고 하면 기본이 3년 계획, 아무리 짧아도 2년 계획을 세운다고 합니다. 그렇지 않으면 캠페인이라는 말 자체가 성립되지 않음을 잘 알고 있으니까요. 이렇게 쉽고도 명확한 이치가 있음에도 불구하고 단발적인 광고를 집행하는 기업을 보면 안타까운 마음이 듭니다. 재미있는 사실은 그렇게 단발적인 광고를 집행하는 광고주에게 기억나는 광고가 무엇이냐고 물으면 장기 캠페인 사례를 든다는 겁니다. 광고 소비자 입장으로 돌아가면 그게 좋다는 것을 잘 알면서도 정작 자신은 실행하지 못하는 경우를 보면 정말 안타깝지요.

물론 전제는 있습니다. 올바르지 않은 전략에 입각한 캠페인이어서 계속 지속할 경우 브랜드에 나쁜 영향을 준다는 판단이 들 경우에는 과감하게 전환해야 합니다. 혹은 브랜드를 둘러싼 환경이 바뀌어서 근본적으로 다시 생각해야 하는 경우라면 역시 새로운 캠페인을 수립해야 하겠지요. 하지만 그런 경우가 아니라면, 특히 사람들이 어느 정도 호응한 캠페인이라면 일관성 있게 집행하는 것이 훨씬 이득이 됩니다. 다시 한 번 말씀드립니다. 브랜드는 사람과 같습니다. 우왕좌왕 불안해 보이는 사람은 아무도 좋아하지 않습니다.

TPO와 미떼 이야기

　　　　　　　　　　　모녀 사이의 냉전으로 썰렁한 집안 분위기. "집 한번 되게 썰렁하네" 하며 딸이 슬며시 건네는 핫초코 한 잔에 엄마의 마음이 스르르 풀립니다. 그때 나오는 한 줄의 카피는 "찬바람 불 때." 핫초코 미떼 광고의 한 장면입니다.

　다른 광고입니다. 딸이 외국인 남자친구를 데려왔습니다. 엄마 아빠는 황당해하고, 동생은 재미있어합니다. 난감한 분위기 속에서 'How old are you?' 말하다 말고 답답한 마음에 핫초코를 마시는 아빠. 그때 '찬바람 불 때'라는 카피가 더해집니다.

　또 한 편의 광고입니다. 공부에 지친 아들이 엄마에게 계속 짜증을 부립니다. 이 모습을 바라보던 아빠. 핫초코 한 잔을 들고 가서 아들을 격려하는 듯 머리를 쓰다듬다가 갑자기 "내 여자 그만 괴롭혀라"고

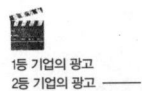
1등 기업의 광고
2등 기업의 광고

말하며 머리카락을 확 잡아당깁니다.

웃음의 결정판이 있습니다. 스키장에서 핑크색 스키복을 입고 걸어가며 긴 생머리를 날리는 여자의 뒷모습. 작업을 걸기 위해 핫초코 두 잔을 들고 쫓아가 리프트를 같이 탑니다. 알고 보니 아리따운 아가씨가 아니라 국민할매 김태원. 남자는 넋이 나간 표정입니다. 그때 김태원의 멘트, "혼자 왔냐?"

직장인들이 공감할 광고도 있습니다. 가족이 야외로 놀러 간 상황입니다. 아내가 남편에게 카메라 렌즈를 새로 샀냐고 묻자 렌즈보다 바디가 비싼 거라고 말합니다. 아내가 카메라를 떨어뜨린 척하자 남편은 "그게 얼마짜린데!" 하고 울부짖습니다. 아내가 "얼만데?"라고 묻자 남편은 "춥다"라고 딴소리를 합니다. 이렇듯 미떼는 재미있는 광고를 많이 만들어왔습니다.

2004년부터 시작된 캠페인이 벌써 10년 동안 지속되어왔습니다. 이제는 어느덧 찬바람 부는 11월이 되면 기다려지는 광고가 되었습니다. 1년에 딱 한 편 집행하는 광고이지만 사람들의 기억에 남는 광고, 기억나는 메시지가 되었지요. 이게 바로 누적의 힘, 캠페인의 힘입니다.

광고에 대한 이야기는 이쯤에서 줄이고, 여기서 주목할 것은 미떼의 포지셔닝 전략입니다. 포지셔닝에 대한 기본적인 내용은 앞에서 언급했으니 생략하고, 미떼 광고의 경우는 TPO에 입각한 포지셔닝 사례라 할 수 있습니다.

TPO란 time(시간), place(장소), occasion(상황)의 약자입니다. ==상품이==

1등 기업의 광고
2등 기업의 광고 ———

==사용되면 좋을 만한 시간, 장소, 상황을 소비자에게 제안하는 것이지요. 미떼의 경우 '찬바람 불 때'를 물리적인 개념(추울 때)뿐만 아니라, 정서적인 개념(어색하거나 분위기가 썰렁할 때)으로 확장하여 소비자에게 제안하고 있습니다.==

그런데 여기서 제안하는 TPO는 그 브랜드만의 독점적인 것이 아닙니다. 찬바람 불 때 꼭 미떼를 마셔야 하는 이유가 있을까요. 꼭 미떼를 마셔야 하는 객관적인 이유가 있을까요. 그렇지는 않지요. 하지만 지속적, 반복적으로 같은 주장, 다른 브랜드가 하지 않는 주장을 함으로써 찬바람 불 때면 미떼가 생각나도록 하는 전략입니다. 다른 광고에서도 이렇게 TPO를 제안하고, 꾸준히 얘기하는 브랜드가 있는지를 살펴보아도 재미있을 것 같습니다.

끝으로 하나 더 덧붙이겠습니다. 김태원이 출연한 광고에 보면 광고의 배경이 스키장, 즉 야외입니다. 광고 자막에도 '야외에서도'라고 표기되어 있습니다. TPO를 확장, 제안하여 판매 증가를 노리는 전략이 반영된 것으로 보입니다. 이렇듯 광고의 배경 하나, 자막 하나에도 마케팅 전략이 숨어 있습니다. 그런 숨어 있는 전략을 찾으면서 광고를 읽어보는 것도 광고를 더 재미있게 보는 방법입니다.

기업은행 광고의 성공과 나의 반성

일정 기간, 적어도 10년 정도 한 가지 일에 종사하면 지식과 경험, 안목이 생깁니다. 서서히 본인이 전문가라는 자의식이 형성됩니다. 자부심도 느껴집니다. 좋은 일입니다. 하지만 세상 모든 일에는 양면성이 있습니다. 자부심에서 한 글자만 바꾸면 자만심이 됩니다. 한 우물을 파는 열정이 다른 사람의 충고를 듣지 않는 아집이 되기도 합니다. 그래서 20년이 넘어가면 꽉 막힌 전문가가 될 수도 있습니다. 이것을 항상 경계해야 합니다. 이 글을 쓰는 저도 마찬가지입니다. 저는 안 그렇다고 생각해도 다른 사람들이 보기에는 그럴지도 모를 일입니다. 그래서 항상 자신을 돌아봐야 합니다. 참 쉬운 일이 없습니다.

그런 면에서 기업은행 광고는 저에게 큰 교훈을 줍니다. 2012년 1월

1등 기업의 광고
2등 기업의 광고 ———

= 예금
= 기업 살리기
= 일자리 창출

송해 선생님이 특별한 배경도 없는 장소에 서서 멘트를 합니다. 그리고 같은 내용의 자막이 나옵니다. "IBK 기업은행은 대한민국 국민 모두가 거래할 수 있는 은행입니다. 국민 여러분, 기업은행에 예금하면 기업을 살립니다. 그리고 기업이 살아야 일자리가 늘어납니다. 참 좋은 은행, IBK 기업은행."

처음에는 거부감이 들었습니다. 도대체 광고인지 성명서 낭독인지, 더구나 올드함의 대명사라 할 수 있는 송해 선생님이 나오다니, 모두가 젊고 역동적인 이미지를 추구하는 시대에 이게 웬 말이냐는 생각이 들었습니다. 더군다나 전형적인 메이커 보이스. 모두 소비자, 시청자에게 초점을 맞추어야 한다고 하는 마당에 너무나 일방적인 메시지로 보였습니다.

하지만 전략적인 관점에서 분석해보니 이해가 되는 면이 있었습니다. 기업은행은 이름 때문에 일반인이 거래하기에는 거리감이 느껴지는 문제가 있습니다. 첫 문장은 그런 인식의 문제를 해결하기 위한 것으로 보입니다. 그리고 요즘 국민의 최고 관심사 중 하나가 일자리입니다. 두 번째, 세 번째 문장은 '기업은행 예금 = 기업 살리기 = 일자리 창출'이라는 간단한 등식으로 국민의 관심사를 건드렸습니다. 전략적으로 올바른 방향입니다. 하지만 사람들이 이런 광고를 좋아할까 하는 의구심은 남아 있었습니다.

기업은행은 TV 광고, 신문 광고, 본점 빌딩 전면을 활용한 현수막, 각종 홍보물에 동일한 메시지를 사용했습니다. '집중과 반복'이라는 커

1등 기업의 광고
2등 기업의 광고

뮤니케이션의 대원칙을 그대로 적용한 사례입니다. 이 메시지는 당시 기업은행 조준희 행장이 구상한 내용이라고 합니다. 조준희 행장은 기업은행 최초의 공채 출신, 내부 승진 행장입니다. 그만큼 기업은행을 잘 알고 애정을 가진 분도 없었을 것입니다. 그분이 쓴 카피를 내밀었을 때, 아마 광고회사 카피라이터는 자존심이 상했을지도 모릅니다. 하지만 카피라이터의 자존심보다 시장에서 작동하고 브랜드에 도움이 되는 메시지가 훨씬 중요합니다. 광고회사는 현명하게 판단한 것 같습니다.

2013년에도 같은 메시지가 반복되었습니다. 어린이 모델이 한 명 추가되었을 뿐입니다. 2013년 말에 행장이 바뀌었지만 2014년 4월 광고에도 일반인 모델이 추가되었을 뿐 같은 메시지가 반복됩니다. 이 정도면 정말 집요하다고 할 수 있습니다. 그럼 이 캠페인이 성과를 거두었을까요. 꼭 광고만의 영향은 아니겠지만 기업은행은 3년 연속 개인고객 100만 명 순증이라는 기록을 달성합니다. 우리은행, KB국민은행, 신한은행에 이어 하나은행과 어깨를 겨루는 수준의 매출 규모도 달성했습니다.

광고는 브랜드가 가진 문제를 해결하는 과정입니다. 기업은행 광고는 그것을 훌륭히 달성하고 있습니다. 소비자의 정서와 유리된 채, 촌스럽다는 이유로 기업은행 광고를 잠깐이나마 폄하한 저 자신을 반성합니다. 전문가라는 이름에만 연연하면 오히려 중요한 것을 놓칠 수 있음을 보여주는 사례라고 생각합니다.

신구의 조화

　　　　　　　　　　　　2010년 여름에 시작한 캠페인이니 벌써 4년입니다. 매년 광고를 한 것은 아니지만 2014년에도 현대자동차그룹은 기프트카 광고 캠페인을 재개했습니다. 취지가 좋고, 반응이 좋고, 누적되니 더욱 좋은 캠페인입니다.

　2010년 장애인 복지시설인 승가원 아이들, 960번 도전한 끝에 운전면허를 딴 차사순 할머니, 전용버스가 없는 역도부 아이들의 사연이 TV 광고로 소개되었습니다. "여러분의 댓글로 차를 선물해주세요"라는 메시지와 함께 캠페인 사이트 주소가 안내되었습니다. 캠페인의 구조는 매우 간단합니다. 광고에서 사연을 소개하고 캠페인 사이트에 하루 100개 이상의 댓글이 달리면 광고 속 주인공에게 차를 선물하는 방식입니다. 간단해 보이지만 TV 광고와 인터넷, 모바일이 결합되어

1등 기업의 광고
2등 기업의 광고 ────

있고, 또 광고와 소비자 참여형 프로모션이 결합된 종합적인 캠페인 구조입니다.

KOBACO(한국방송광고진흥공사)에서는 스마트 광고라는 개념을 이야기하고 있습니다. 스마트 광고는 '소비자의 콘텐츠 생산과 형태가 다른 광고 형식의 결합 등을 통해 광고에 대한 참여와 공유가 가능한 쌍방향적, 관계적 광고'라는 개념입니다. 기존 아날로그 시대의 광고가 일방향적 광고로서 인지적 반응과 감성적 반응 유발에 중점을 두었다면, 스마트 광고는 터치와 클릭 등의 참여와 공유 등의 행동 반응에 중점을 두고 있습니다.

학술적으로 공인된 것인지는 모르겠지만 KOBACO의 주장에 따르자면 기프트카 캠페인은 스마트 광고의 대표적인 사례가 될 것 같습니다. 여기서 생기는 한 가지 의문은 기프트카 캠페인에서 소비자의 콘텐츠 생산이 무엇인가입니다. 복잡하게 생각할 것 없습니다. ==댓글이 바로 콘텐츠입니다. 콘텐츠라고 하면 거창하게 생각하기 쉬운데 소비자가 다는 의견, 댓글 하나하나가 다 콘텐츠가 됩니다.==

아무튼 반응은 폭발적이었습니다. 한 달 만에 방문자 수가 46만 명에 달했고, 하루 평균 600개 이상의 댓글이 달렸습니다. 당연히 사연의 주인공에게는 차가 선물로 주어졌습니다. 바로 2차 캠페인이 이어졌습니다. 다문화가정 합창단인 레인보우 합창단, 시각 장애아 피아니스트 예은이, 농부들이 만든 파머스밴드의 사연이 TV 광고를 통해 전달되었고, 사람들의 댓글 참여를 통해 차 선물이 주어졌습니다. 2011

년, 2012년에도 광고는 이어졌고, 2013년은 건너뛰었지만 2014년 봄에 다시 광고가 나왔습니다. 이번에는 방법을 조금 바꿔서 이미 기프트카를 선물받은 사람들이 소비자의 댓글에 따라 다른 사람에게 힘을 주는 내용으로 구성되었습니다. 사고로 손가락을 잃었지만 선물받은 기프트카를 이용해 튀김소보로빵을 만드는 김태경 씨가 소방관들에게 빵을 선물하고, 기프트카를 선물받은 새터민 강유진 씨가 만드는 인형을 투병 중인 아이들에게 전달합니다. 벌써 80번째 기프트카가 광고에 나왔으니 앞으로 100호, 200호로 이어지길 기대해봅니다.

제가 좋아하는 캠페인 사례라서 좀 장황하게 설명했지만 여기서 이야기하고 싶은 부분은 캠페인 내용이 아니라 미디어의 활용입니다. 요즘 광고주들과 회의를 하면 "지금 TV 광고를 누가 봅니까?"라든지 "대세는 인터넷과 모바일 아닙니까? 거기에만 집중하는 게 낫지 않나요?"라는 이야기를 자주 듣습니다. 일정 부분 맞는 말입니다. 소위 4대 매체(TV, 라디오, 신문, 잡지)의 위력이 많이 줄었지요. 특히 신문의 몰락은 매우 급속도로 이루어지고 있습니다.

그러다 보니 학자나 평론가 중에서는 자극적으로 시대 변화를 알리고 본인의 주장을 강화하기 위한 방법으로 '4대 매체의 시대는 갔다'라든지 'TV는 죽었다' 등의 수사법을 쓰는 경우가 있습니다. 하지만 4대 매체는 아직 죽지 않았습니다. 인터넷에서 화제가 되는 이야기는 TV에서 공급한 화제와 이슈를 중심으로 증폭되는 경우가 많습니다. 신문은 인터넷 매체에 뉴스를 공급함으로써 여전히 의제 설정 기능을

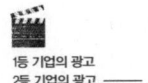

1등 기업의 광고
2등 기업의 광고

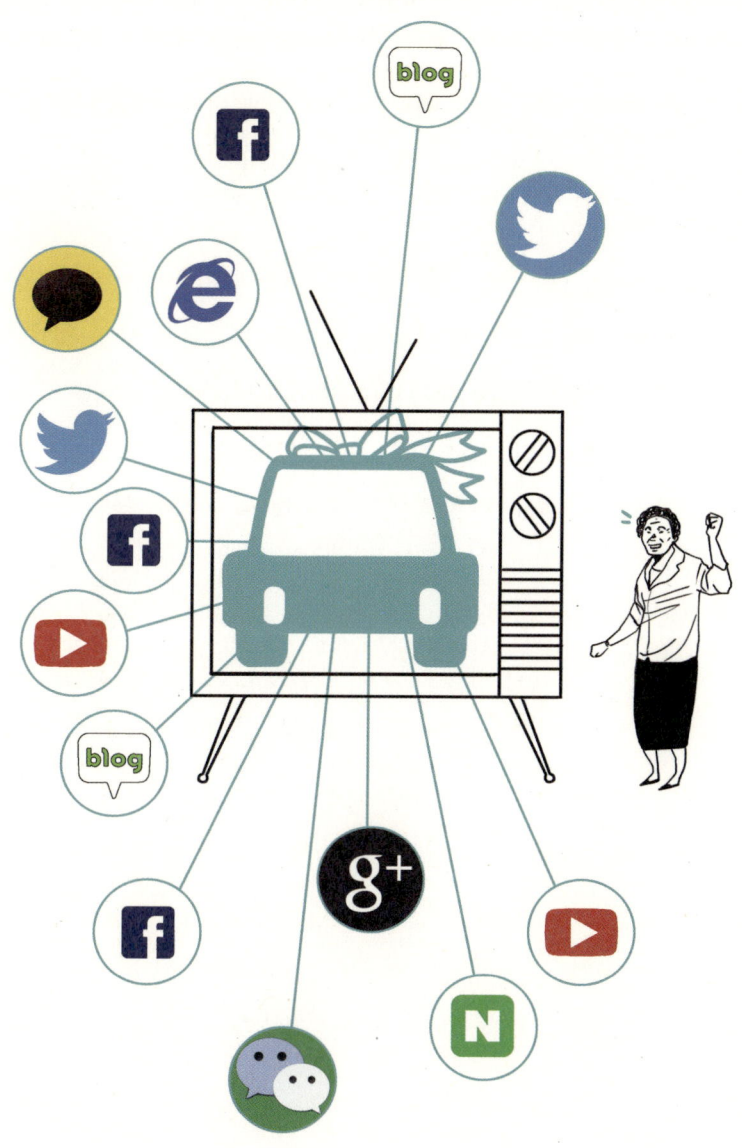

하고 있습니다. 오피니언 리더들은 아직도 회사나 가정에서 종이신문을 접하는 경우가 많고요. 접촉률과 영향력 면에서 아직까지 TV는 부동의 1위 매체입니다. 아마 이것은 그리 쉽게 바뀌지 않을 것입니다. 왜냐하면 콘텐츠 생산의 노하우와 자본력에서 아직까지 TV를 능가할 매체는 없기 때문입니다.

중요한 것은 균형이라고 생각합니다. 전통적 미디어의 하락세를 과장되게 받아들여 도외시하는 것은 또 다른 비효율을 부를 것입니다. 커뮤니케이션 전문가들이 해야 할 일은 전통 미디어와 인터넷 등 뉴미디어의 균형 있는 조합으로 커뮤니케이션 효과를 극대화하는 방법을 찾는 것입니다. 기프트카 캠페인은 그 균형을 잘 찾은 좋은 사례라고 봅니다.

스토리텔링과 광고 캠페인

2009년 가을부터 실제 촬영이 결합된 애니메이션 기법을 활용한 광고 두 편이 나왔습니다. 한국암웨이의 건강기능 식품 브랜드인 뉴트리라이트가 선보인 '뉴트리라이트 스토리' 캠페인의 출발이었습니다. 출발은 조금 의외였습니다. 암웨이는 다단계회사입니다. 다단계회사는 기본적으로 제품력과 판매 사업자의 영업력에 의존하는 비즈니스입니다. 매장이 별도로 존재하는 사업도 아니고요. 따라서 광고와는 그다지 어울리지 않는 회사입니다. 광고에 쓸 돈이 있으면 판매 사업자를 직접 지원하는 편이 더 낫다는 것이 일반적인 통념입니다.

그런데 한국암웨이의 생각은 조금 달랐습니다. 당시 뉴트리라이트는 물론 잘 팔리고 있었지만 브랜드의 미래를 생각할 때 일반 소비자들의 인지도 및 선호도를 올려야겠다고 생각했습니다. 그 방법으로 생각한 것이 광고입니다.

광고 전략은 다음과 같았습니다. '약이 아닌 건강기능 식품이기 때문에 단순한 효능이나 효과로 접근해서는 안 되고, 또 그렇게 해서는 장기적으로 브랜드 가치를 높일 수 없다. 뉴트리라이트에는 75년 역사와 철학이 녹아 있는 좋은 팩트들이 많이 있으니, 그것들을 진정성 있게 전달하자. 진정성 있게 메시지를 전달하기 위해서는 일반적인 15초 광고가 아니라 30초 광고를 하자. 단, 전달하는 비주얼은 주목을 끌 수 있도록 하자.'

그렇게 시작된 광고 캠페인은 '뉴트리라이트 스토리'라는 이름 아래, 벌써 6년째 열두 편의 광고를 통해 전달되고 있습니다. 이 캠페인을 만들기 위해, 광고 제작진은 미국의 공장과 연구소는 물론 브라질의 농장까지 취재를 다녔고, ABO(제품 판매를 담당하는 독립사업자)와 직원 등 많은 사람들을 인터뷰했습니다. 가는 곳, 만나는 사람들마다 흥미롭고 감동적인 이야기를 가지고 있었습니다. 그 이야기들을 잘 정리하면 하나의 광고가 탄생했습니다.

그렇게 광고 캠페인이 진행되자 사람들은 뉴트리라이트에 관심을 갖게 되었고, 선호도도 올라갔습니다. 무엇보다 ABO분들이 굉장히 좋아해주셨습니다. 세일즈를 위해 고객을 처음 만날 때, 길게 설명하지 않고 태블릿 PC나 휴대폰에 저장한 광고 영상을 보여주면 사람들이 쉽게 이해하고 관심을 가지더라는 것이었습니다. 심지어 다단계회사

1등 기업의 광고
2등 기업의 광고

에 대한 부정적인 선입견을 갖고 암웨이에 대해선 말도 꺼내지 말라던 아들이 처음으로 관심을 보이더라는 사람도 있었습니다. 그렇게 ABO분들의 관심과 지원 속에 다단계회사에서는 드물게 광고 캠페인을 꾸준히 집행할 수 있게 되었습니다.

이것이 바로 스토리텔링의 힘입니다. 요즈음 '스토리텔링 마케팅'이란 이야기를 많이 합니다. 도대체 스토리텔링이 왜 마케팅과 광고 영역에서 각광을 받는 것일까요. 이유는 간단합니다. 사람들은 기본적으로 이야기를 좋아하기 때문입니다. 지금은 워낙 재미있는 볼거리가 많아서 조금 시들하지만 예전에 어린이들은 옛날이야기를 무척 좋아했죠. 특히 우리나라 사람들은 이야기를 참 좋아합니다. 괜히 드라마왕국이 된 게 아닙니다. 일일 드라마, 월화 드라마, 수목 드라마, 주말 드라마, 종류도 다양합니다. 특히 일일 드라마는 정말 대단합니다. 주 5회 매일 30분 분량의 드라마를 찍고 편집해서 방송한다는 것은 초인적인 노력이 따라야 하는 일일 겁니다. 드라마 사전 제작이 일반화되어 있는 일본에서도 주간 드라마도 주 1회 방송하는 것이 일반적인데, 우리나라는 사전 제작이 거의 없고, 심지어 방송 직전에 간신히 편집이 완료되어 거의 생방송에 가까운 아찔한 상황까지 몰리면서도 주 2회 방송을 합니다. 이유는 무엇일까요. 간단합니다. 소비자들이 드라마를 정말 좋아하고 요구하기 때문이죠. 심지어 드라마를 좋아하는 '드라마 아저씨'라는 표현까지 나왔습니다.

왜 이렇게 이야기를 좋아할까요? 가장 재미있는 이야기는 '뒷담화'라

==고 합니다. 남의 이야기를 전하고 전해듣는 것이죠. 좋은 일은 아닐지 몰라도 분명 흥미로운 일입니다. 왜냐하면 다른 사람의 속을 들춰보는 것 같은 재미를 느끼기 때문입니다. '뒷담화'는 좋은 일이 아니겠지만 누군가가 살아온 이야기를 듣고, 생각을 듣고 나면 친근감이 들게 마련입니다.== 브랜드도 사람과 마찬가지여서 그냥 무미건조하게 제품 정보만 듣는 것보다는 역사와 생각과 제품을 만드는 사람들의 이야기를 전달하는 브랜드에 더 친근감이 들겠죠.

일본에서 유명한 광고 캠페인 중에 게임기 회사 세가의 신제품 '드림캐스트' 캠페인이 있었습니다. 캠페인 제목은 '일어나라, 유가와 전무.' 실제 세가에 근무했다고 하는 유가와 전무가 광고의 주인공입니다. 실화는 아니고 드라마로 만든 것이지만 굉장히 화제가 되었던 광고 캠페인입니다.

어느 날 유가와 전무는 거리에서 아이들이 "세가는 촌스럽고, 플레이스테이션이 더 재미있어"라고 이야기하는 것을 듣습니다. 그는 괴로워하며 술을 마시고, 길거리에서 시비 끝에 싸움을 하고, 사무실에서도 졸다가 아이들이 세가를 조롱하는 악몽을 꿉니다. 신제품 드림캐스트가 완성되자 기뻐합니다. 거리에서 만난 아이들의 반응도 좋습니다. 드림캐스트의 성공을 위해선 무엇이든 할 수 있다는 의지를 보입니다. 젊은 남자 탤런트와 함께 길거리 판매에도 나섭니다. 드디어 제품이 히트를 쳐서 품절 사태에 이릅니다. 품절에 대한 소비자의 비난이 쏟아지자 그 사태에 책임을 지고 전무에서 한 단계 강등되기도 합

1등 기업의 광고
2등 기업의 광고

니다. 이런 일련의 스토리를 광고로 만든 캠페인은 큰 인기를 끌었다고 합니다. 아무래도 실제 스토리가 아니기 때문에 재미에 치중한 면은 있지만, 아무튼 주목도는 높았지요.

    모든 경우에 사용할 수 있는 방법은 아니겠지만, 스토리텔링은 분명 의미 있는 커뮤니케이션 방법입니다. 특히 역사가 깊거나 재미있는 이야깃거리가 많거나 친근감이 요구되는 브랜드의 경우 한번 생각해볼 만한 좋은 방법입니다.

광고 매체의 선택과 집중

2005년 시즌, 텍사스에서 뛰던 메이저리거 박찬호는 오랜 부진을 씻고 4월에만 3승을 거두는 초반 기세를 올리고 있었습니다. 그와 더불어 한국에서 기세를 올리는 브랜드가 두 군데 있었습니다. 먼저 2005년 메이저리그 한국 중계권을 획득한 신생 케이블채널 X-SPORTS입니다. MBC에서 가지고 있던 중계권을 넘겨받아 메이저리그 중계를 시작했는데 박찬호가 상승세를 보이자 희색이 만면할 수밖에 없었습니다.

다른 하나는 송월타월입니다. 신생 케이블채널이고, 박찬호가 오래 부진하다 보니 광고가 적은 상황이었습니다. 그런데 매 이닝마다 배우 조여정이 목욕 타월만 두른 모습으로 나와 "샤워 매일 하시죠? 그럼 바쓰타월 쓰시겠네요? 네? 없으시다고요? 큰 목욕 타월 없으세요? 선물해드려야지. 큰 목욕 타월, 송월바쓰타월" 하고 말하니 네티즌들은 '거의 중독될 지경'이라는 반응을 보였습니다. "이건 광고라기보다 세뇌에 가깝다", "카피를 아예 외웠다"는 댓글들이 올라왔고, 송월타월 홈페이지에도 2년 동안 125개 질문이 올라오던 것이 4월 한 달 동안 30여 개의 질문이 올라와 소비자의 높은 관심을 보여주었습니다.

유머와 패러디 소재로도 활용되어서 "텍사스 구단주가 조여정을 치어리더로 기용키로", "벅 송월타월(벅 쇼월터) 감독, 찬호에게 '오늘 피칭은 큰 목욕 타월 같았다'고 극찬" 등 재미있는 이야깃거리가 양산되었습니다.

사실 송월타월이 대기업처럼 큰 예산을 광고비로 쓸 상황은 아니었을 겁니다. 타월업계 1위이긴 하지만 2004년 매출액이 540억 원이었음을 감안하면 가용 예산이 대략 나올 것입니다. 이런 상황에서 이곳저곳 예산을 흩어뿌리기보다는 한곳에 집중해 효과를 본 것이지요. 다른 기업들이 신생 케이블채널과 박찬호에 대해 반신반의해 광고하는 브랜드가 적었기 때문에 더 큰 반사이익을 본 것도 사실입니다. 이렇게 광고 집행에 있어서도 선택과 집중을 잘하면 예상외의 효과까지 노릴 수 있습니다.

요즘 '기미상궁개미를 이용한 독약 전달의 기술', '중국집 바퀴, 일식당 바퀴 등 서식처를 고려한 맞춤 방제' 광고를 하고 있는, 해충 방제 업체로 유명한 세스코는 광고를 시작한 이후 지금까지 공중파 광고는 일체 하지 않고 케이블 TV에만 광고를 집행하고 있습니다. 이것도 선택과 집중의 사례라고 할 수 있습니다.

TV 광고 사례만 있는 것은 아닙니다. 지금은 없어졌지만 몇 년 전까지 서울 강남구 학동 사거리에는 정말 좋은 위치에 옥외 전광판 광고 매체가 있었습니다. 고급 패션 브랜드 중에는 오직 이 전광판과 럭셔리 잡지에만 광고를 하는 브랜드들이 있었다고 합니다. 어찌 보면 고급 브랜드로서 '물관리'를 했다고 할 수 있습니다.

박현주 미래에셋 회장이 주장하는 것 중 하나가 '소수 게임'입니다. 투자든 비즈니스든 다수를 따라가면 마음은 편하지만, 큰 수익이나 결과를 기대할 수는 없다는 것입니다. 큰돈을 버는 것은 다수가 아니라 소수의 사람들이니까요. 따라서 소수의 편에 서야 기회가 있다는 것입니다. 물론 합리적인 소수라는 전제가 깔려 있습니다.

결과론적인 얘기지만 송월타월의 사례를 여기에 대입해보면, 메이저리그 중계는 어느 정도 고정 팬이 있게 마련이고, 신생 채널이라 광고는 덜 들어올 것이고, 그러면 적은 예산으로 더 주목받는 소수가 될 수 있다는, 합리적 소수였던 것입니다.

소수의 편에 서서 집중하는 것, 광고와 마케팅을 잘할 수 있는 또 하나의 비결입니다.

1등 기업의 광고
2등 기업의 광고

주변과 중심, 따봉과 델몬트

과거에 큰 히트를 쳤고, 한동안 우리의 언어생활에도 영향을 미친 광고가 있었습니다. '따봉'입니다. 포르투갈어로 '매우 좋다'는 뜻으로 델몬트 주스 광고에서 나온 말입니다. '따봉'이라는 말을 일상 대화에서 쓰는 것은 물론이고 따봉 분식, 따봉 만화방 등 상호로도 많이 쓰였습니다. 엄청난 히트를 친 것은 좋았는데 정작 광고한 브랜드가 무엇인지를 잘 몰랐습니다. 그래서 제품명에 따봉을 넣어 '따봉주스'라고 바꾸고 노래로 광고를 만들었습니다. "모두가 좋아하는 따봉입니다. 델몬트 따봉주스."

또 다른 유명한 광고 한 편을 소개합니다. 대한민국 광고대상을 수상한 광고입니다. 믹서기에 오렌지를 넣고 갈았더니 오렌지주스 병이 되었습니다. 멘트도 단 한 줄. "오렌지 외에는 아무것도 넣지 않았습니다." 첨가물을 넣지 않는다는 것을 강조한 선키스트 훼미리주스 광고입니다.

두 광고의 차이점은 바로 중심 단서(central cue)와 주변 단서(peripheral cue)입니다. 중심 단서는 광고가 전달하고자 하는 메시지를 말하고, 주변 단서는 광고 모델, 광고 분위기, 음악 등 주변적인 요소를 말합니다. 일반적으로 관여도가 높은 상태에서는 중심 단서의 효과가 높고, 관여도가 낮은 상황에서는 주변 단서의 효과가 높다고 합니다. 화제가 되는 히트 광고 중에서도 모델이나 광고 분위기, 독특한 장면이나 멘트가 인기를 끄는 요인이 되는 경우가 많습니다. 아무튼 광고는 주목을 끄는 것이 중요하니 이런 요소들도 필요하겠지요. 하지만 두 가지를 반드시 명심해야 합니다.

첫째, 주변 단서는 장기적으로 볼 때 태도가 약해지게 됩니다. 결국 오래 남고 브랜드에 대한 태도를 결정하는 것은 중심 단서입니다. 둘째, 기억에 남고 관심을 끄는 주변 단서는 필요하지만 그것이 중심 단서를 가릴 정도가 되어서는 안 됩니다. '따봉'이 주인공이 되고, 좋은 오렌지만 선별하는 델몬트 브랜드는 들러리가 되어서는 안 되지요. 본말이 전도되어서는 안 됩니다. 마치 양념이 주재료를 물리치고 주인공 행세를 해서는 안 되는 것과 같은 이치입니다.

난, 한 놈만 팬다

광고주에게 오리엔테이션을 받습니다. 대부분의 경우 오리엔테이션 문서에는 제품 또는 서비스의 특징이나 장점이 ①, ②, ③의 형태로 나열되어 있습니다. 광고주에게 질문합니다. 이중에서 가장 중요한 것이 무엇이냐고. 광고주는 다 중요하다고 말합니다. 그래도 그중에서 가장 중요한 것이 뭐냐고 다시 질문합니다. 적어도 ①, ②는 같은 비중으로 중요하다고 말합니다. 회사로 돌아와서 회의를 합니다. 광고안을 준비해서 프레젠테이션을 하러 갑니다. 그리고 이렇게 말합니다. "두 가지 모두 중요하다고 해서 이 두 가지를 절묘하게 같이 이야기할 수 있는 방법을 찾았습니다." 모두가 만족하며 광고안을 결정했습니다.

　이런 과정의 결과, 세상의 많은 광고들이 두 가지 이상을 말하고 있습니다. 하지만 전략은 목표를 달성하기 위해 자원을 효율적으로 배분하는 것입니다. 자원을 무한히 가지고 있는 브랜드는 없습니다. 설사 자원이 무한히 있다 하더라도 시간이라는 자원은 한정되어 있습니다. 그리고 경쟁사라는 존재가 있습니다. 그래서 전략의 요체는 선택입니다. 집중해야 할 것과 집중하지 말아야 할 것, 먼저 해야 할 것과 나중에 해야 할 것을 구분해야 합니다. 그래서 전략은 포기를 잘하는 것이기도 합니다.

그래서 IMC(통합 마케팅 커뮤니케이션)의 대가인 돈 슐츠(Don Schultz) 교수는 광고 전략에서 반드시 지켜야 할 두 가지 원칙을 강조했습니다. 첫째, 너무 많은 사람들에게 얘기하겠다는 욕심을 버려라. 둘째, 지나치게 많은 아이디어나 소구점을 넣지 마라. 한마디로 욕심을 버리고 선택하라는 이야기입니다.

전략 단계만이 아니라 실제 광고 제작 단계에서도 많은 고민이 생깁니다. 광고주는 제품과 관련한 내용을 조금이라도 더 넣으려고 합니다. 15초라는 짧은 시간에 멘트를 한 마디만 더 추가해달라고 합니다. 멘트가 정 안 된다면 자막이라도 더 넣어달라고 합니다. 하지만 광고 회사에서는 가급적 내용을 심플하게 정리하려고 합니다. 그런 과정에서 광고주 측과 사소한 감정 충돌이 생기기도 합니다. 예전에 TV 광고 시사를 하는 과정에서 광고주 사장님이 이런 식의 추가 사항들을 요청했습니다. 그때 저는 "광고 제작은 '빼는 과정'이라고 생각합니다"라고 말씀드렸습니다. 15초라는 짧은 시간을 생각할 때, 무엇을 더 넣을지를 고민해서 광고가 더 좋아지는 경우를 거의 본 적이 없습니다.

1등 기업의 광고
2등 기업의 광고

반대로 무엇을 뺄 것인가를 고민할 때 광고가 더 좋아지는 경우를 많이 보았습니다.

과거에는 광고주가 왜 그리 욕심을 내는지 잘 이해하지 못했습니다. 하지만 이제는 광고주의 입장을 어느 정도 이해합니다. 광고주가 왜 그리 욕심을 낼까요? 누구나 자식을 키울 때에는 욕심을 버려야 한다고 말하면서도 정작 자기 자식에 대해서는 욕심을 버리지 못합니다. 광고주에게 브랜드는 자식 같은 존재입니다. 그것도 아주 금쪽같은 자식이지요. 그러니까 욕심이 나는 겁니다. 그렇기 때문에 광고회사가 필요합니다. 마치 부모는 욕심이 앞서 자기 자식을 객관적으로 보지 못하기 때문에 카운슬러가 필요한 것과 마찬가지 이치입니다.

아무튼 지금 이 순간에도 많은 회사에서는 두 개의 카피 중에서 갈등하고 있을 겁니다. '상쾌하고 부드럽다' vs. '부드럽다.' 무엇이 더 머릿속에 남을까요. 복잡하고 어려운 지식에 근거하기보다 소비자의 마음으로 돌아가보면 답은 쉽게 나옵니다. 영화 〈주유소 습격사건〉에서 유오성은 광고와 마케팅 역사에 길이 남을 명언을 남겼습니다.

"난, 한 놈만 팬다."

당신 곁에는 누가 있습니까

커피 전문점을 가도, 빵 가게에 가도, 아이스크림 가게에 가도, 식당에 가도 내밀게 되는 카드가 있습니다. 차곡차곡 포인트가 쌓여 기분이 좋습니다. CJ그룹의 서비스를 통합한 CJ원카드, SPC그룹의 해피포인트카드는 이제 알뜰한 주부는 물론이고 직장인, 학생들도 필수로 갖고 다니는 카드가 되었습니다. 브랜드 충성도를 높이고 반복 구매를 자극하는 좋은 도구이지요.

그런데 저는 가끔 이런 상상을 해봅니다. 이렇게 강력한 마케팅 도구를 왜 신용카드회사에서는 별로 주목하지 않을까. 만약 사람들의 지갑에 들어 있는 이 카드를 카드 기능과 강하게 연결시켜서 다른 카드는 필요 없는 단 한 장의 카드를 만들면 어떨까. 아니면 은행 현금카드와 결합시킬 방법은 없을까. 아마 법적으로 문제가 있을지도 모릅

1등 기업의 광고
2등 기업의 광고

니다. 법적으로 문제가 없더라도 실행 과정에서 우여곡절이 있을 수 있겠지요. 주도권 다툼도 은근히 있을 테고요. 하지만 만약 실현만 된다면, 그래서 두 회사가 공동으로 강력한 마케팅을 펼친다면 두 회사 모두 강력한 무기를 지니게 되지 않을까 하는 생각이 듭니다.

또 예전에는 이런 상상도 해봤습니다. 우리나라 사람들 커피 참 좋아하지요. 지하철 역에서 나오면 거의 네 귀퉁이마다 커피 전문점이 하나씩은 있을 정도니까요. 저도 커피를 좋아하니까 이해는 하는데 좀 많다 싶긴 합니다. 아무튼 별다방, 콩다방이라는 애칭으로 불리는 유명 커피 전문점에 가서 보면 커피 소비량이 굉장합니다. 당연히 컵의 양도 많겠지요. 그 컵을 광고 매체로 활용한다면 어떨까 하는 상상입니다. 물론 커피 전문점에서 브랜드의 격을 떨어뜨린다며 거절할 수도 있지만 공익기부 등의 명분을 가지고 흉하지 않은 크기로 광고를 한다면 좋은 매체가 되지 않을까 하는 생각을 해보았습니다.

이종 산업 간 협력은 이미 활발하게 진행되고 있습니다. 얼마 전 통신 1위 SK텔레콤과 카드 1위 신한카드가 빅데이터 사업과 관련해서 제휴를 맺었습니다. 양사는 공익형 빅데이터 사업을 중점적으로 추진하기로 했고, 이미 서울시 관련 사업에 컨소시엄 형태로 우선 협상 대상자로 선정되었다고 합니다. 특히 SK텔레콤은 자신들이 출자한 하나SK카드가 있음에도 신한카드와 제휴를 맺은 것은 더 큰 이익과 승리를 위해서는 얼마든지 제휴 파트너를 바꿀 수 있음을 보여주는 사례입니다.

심지어 같은 업종 간 제휴 사례도 있습니다. 2014년 초 안국약품은 눈 영양제로 유명한 자사 브랜드 토비콤에스의 판매 제휴 계약을 광동제약과 체결했습니다. 안국약품은 약국 영업이 강점인 광동제약의 영업력을 활용하고, 광동제약은 새로운 수익모델을 창출하는 시너지 효과가 있을 것이라는 관측입니다. 더 높은 이익을 위해선 경쟁사라 할 수 있는 같은 업종 간에도 제휴를 맺기도 하는 겁니다.

광고에서도 제휴가 이루어지고 있습니다. 대표적인 사례가 광고 말미에 포털사이트 검색창을 노출하는 크로스미디어 광고입니다. 포털사이트는 계속 노출되어서 좋고, 광고주는 포털사이트에 광고할 기회를 얻어서 좋은 윈윈 사례라 할 수 있습니다. 앞서 살펴본 광고 패러디 사례도 넓은 의미에서 볼 때, 윈윈 사례라고 할 수 있습니다. 패러디 광고가 화제를 모으면 원작 광고도 자연스레 다시 한 번 주목받게 마련이니까요. 광고 관련 제휴 중 가장 유명한 사례는 역시 인텔인사이드입니다. 컴퓨터 브랜드 광고마다 노출된 인텔 로고로 시너지 효과가 컸다는 평가입니다.

예전에 제가 참여해서 만든 광고에 이런 카피가 있었습니다. "혼자 힘으로 성공하는 사람은 없습니다. 당신 곁에는 누가 있습니까?" 거칠고 힘든 마케팅 경쟁 속에서, 더구나 제한된 예산과 자원을 가지고 혼자만의 힘으로 헤쳐나가기에는 버거울 때가 많습니다. 그럴 때 주위를 둘러보고, 서로를 지렛대로 삼아 윈윈하는 방법을 찾아보는 것도 좋은 방법입니다.

1등 기업의 광고
2등 기업의 광고 ──

후배들에게 1

　　　　　　　　　　　　　　　　광고에 뜻을 두고 있는 학생이나 광고계에 입문한 지 얼마 안 되는 젊은 광고인을 만날 때마다 하는 이야기가 있습니다. 그 이야기를 여러분에게도 들려드리고 싶습니다. 다소 고리타분하게 들릴 수도 있지만 그저 조금 앞서 광고인의 길을 걸어온 선배의 이야기라 생각하고 들어주시면 좋겠습니다.

　　첫째, 제일 중요한 건 지식보다 태도입니다. 많은 젊은이들이 착각합니다. '광고 책을 많이 읽고, 광고 관련 지식을 많이 쌓으면 남보다 두드러지고 성공할 수 있겠지'라고. 맞습니다. 하지만 그것은 절반의 진실입니다. 광고를 잘하기 위한 기초 체력은 성실한 태도와 긍정적인 자세입니다. 지금은 지식이 조금 부족해도 성실하게 공부하면 조만간 따라잡을 수 있습니다. 하지만 섣부르게 지식을 자랑하면서 나태해지면 곧 뒤처지게 됩니다. 지금까지 성실한 태도를 가진 사람을 주위에서 싫어하는 경우를 한 번도 보지 못했습니다. 광고라는 일의 외면적인 화려함에만 초점을 맞추어서는 안 됩니다. 광고 일을 제대로 하려면 긴 호흡을 가지고 내일을 바라보면서 묵묵하게 나아가야 합니다. 그 밑거름이 되는 것이 바로 성실한 태도입니다.

긍정적인 자세도 중요합니다. 광고는 기본적으로 스트레스가 많은 일입니다. 광고주와의 크고 작은 의견 대립, 광고회사 내에서도 전략과 아이디어를 둘러싸고 발생하는 충돌, 더 좋은 것이 나올 때까지라는 광고 일의 특성, 무엇보다 좋은 생각을 꺼내지 못했을 때 스스로 느끼는 자괴감 등이 복합되어 광고인을 괴롭힙니다. 이런 상황에서 부정적인 자세를 취하거나 짜증을 낸다면 주위 사람들이 얼마나 괴롭겠습니까. 그렇기 때문에 광고인은 긍정적이어야 합니다. 자기만의 스트레스 해소 방법을 정해놓으면 참을 수 없을 정도로 힘들 때에 도움이 될 것입니다. 아무튼 주변에 긍정의 바이러스를 전파하는 사람이 되어야 합니다. 그래야 사람들이 좋아합니다. 그런 좋은 분위기에서 일도 더 잘됩니다.

둘째, '광고 바보'가 되지 마십시오. 광고에 입문하겠다는 투철한 의지를 가진 대학생에게서 이런 경우를 종종 보게 됩니다. 대학 1학년 때 광고 동아리에 들어갑니다. 그리고 4년 내내 광고 관련 책만 읽습니다. 그리고 광고를 지망하는 친구들만 주로 만납니다. 만나서도 만날 광고 얘기만 합니다. 그런 사람을 저는 '광고 바보'라고 부릅니다. 광

1등 기업의 광고
2등 기업의 광고

고는 광고 관련 지식만 많이 안다고 잘할 수 있는 영역이 절대 아닙니다. 수많은 산업에서 나오는 수많은 제품들을 읽고 이해해야 합니다. 소비자들과 시대를 같이 호흡해야 합니다. 때로는 시대를 뛰어넘는 인간 정신의 본질로 들어가야 합니다. 그래서 광고를 잘하려면 생각의 폭이 넓어야 합니다. 다양한 사람을 만나고, 광고와 관련 없는 친구들과도 폭넓게 교류해야 합니다. 광고 외에도 관심 영역을 넓혀보는 것이 좋습니다.

그리고 문사철(文史哲), 즉 문학, 역사, 철학에 관심을 가져야 합니다. 요즘 인문학 얘기를 많이 하는데 인문학이 도대체 뭘까요. 휴머니티(humanities), 즉 사람에 대한 관심, 사람과 삶에 대한 연구입니다. 광고는 사람의 마음을 움직이는 일입니다. 그렇기 때문에 광고를 잘하려면 문학, 역사, 철학은 꼭 필요한 영역입니다. 전문가 수준이 될 필요는 없지만 항상 관심을 가져야 합니다.

셋째, 기획하는 습관입니다. 기획하는 습관이 필요하다고 말하면 대학생들은 "지금 광고 일을 하는 건 아닌데요", 그리고 젊은 광고인들은 "제가 책임지고 기획해볼 기회가 없어요"라고 말합니다. 당연한 일이지요. 하지만 여러분이 머릿속으로 생각하고 기획해보는 것은 여러분의 자유입니다.

방법은 간단합니다. TV 광고든, 인쇄 광고든 별로 마음에 들지 않는 광고를 하나 선정합니다. 그리고 마음속으로 그 브랜드를 둘러싼 시장 환경, 소비자 인식 등을 분석해봅니다. 시간 여유가 있으면 간단하게 알아보면 좋고, 아니면 내가 아는 범위 안에서 생각해도 좋습니다. 부담이 덜 될수록 습관으로 자리 잡기 쉬우니까요. 문제점과 목표를 정해봅니다. 광고 전략을 생각해보고, 콘셉트를 정리하고 헤드라인도 한 번 적어봅니다. 이게 전부입니다. 이게 바로 기획하는 습관입니다. 처음에는 조금 힘들지만 차츰 숙달되면 등굣길, 출근길에 광고 한 편이 머릿속에서 만들어집니다. 내가 아직 광고인이 아니어서, 큰 브랜드를 담당해볼 기회가 없어서……, 이런 이유로 공부를 게을리 하면 안 됩니다. 주위를 둘러보면 공부 재료는 무궁무진합니다.

아직 조금 더 하고 싶은 말이 있습니다. 다음 쪽에서 계속 얘기를 이어가겠습니다.

후배들에게 2

 앞에 이어 당부 말씀을 좀 더 드리려고 합니다.
 첫째, 메모하는 습관을 가지십시오. 우리 민족은 《조선왕조실록》, 《승정원일기》라는 놀라운 기록 유산을 가지고 있습니다. 하지만 근현대사의 질곡을 거치면서 기록이 오히려 족쇄가 되는 좋지 않은 경험을 많이 해서인지 기록에 매우 취약한 경향이 있습니다. 물론 요즈음은 다이어리도 많이 쓰고, 태블릿 PC 등을 활용하여 기록하는 분위기가 있어 다행스럽게 생각합니다.
 아무튼 메모를 많이 해야 합니다. 좋은 아이디어가 생각나거나 책 또는 신문에서 좋은 정보나 글귀를 발견했을 때, 형식에 구애받지 말고 메모해놓으면 그것이 곧 자산이 됩니다. 저는 컴퓨터에 파일을 하나 만들어놓았습니다. 책에서 읽은 좋은 글, 신문에서 읽은 유용한 정보 등을 특별히 분류하지 않고 그냥 쭉 적어놓습니다. 그리고 여유 시간이 있을 때 그 파일을 출력해놓은 것을 한 번씩 읽어봅니다. 그럼 자연스럽게 기억하게 되어 대화를 할 때 활용할 수 있습니다.

회의나 협의를 할 때도 메모를 하면 부수적인 효과가 있습니다. 자기가 하는 얘기를 주의 깊게 듣고 메모까지 하는 사람을 싫어하는 경우는 없습니다. 존중받는 느낌이 드니까요. 그렇게 상대방을 존중하면 좋은 인상을 심어줄 수 있습니다. 이 또한 생활의 작은 지혜이지요.

둘째, 정보를 수집하는 습관을 가지십시오. 광고는 사회와 함께 호흡하면서도 사회 트렌드 변화를 먼저 감지해야 합니다. 즉 반 발짝 앞서가는 것이 필요합니다. 그러기 위해서는 사회 트렌드 변화에 촉수를 높여야 하는데, 아주 쉬운 방법이 있습니다. 먼저 미래학자, 소비자학자들이 심혈을 기울여 만든 트렌드 예측 보고서를 읽는 방법입니다. 또 하나는 삼성경제연구소 등의 사이트 정보를 읽는 것입니다. 15~20년 전만 해도 삼성의 고위 임원급만 접할 수 있던 고급 정보와 분석 보고서를 손쉽게 읽을 수 있습니다. 이렇게 손쉬운 방법이 있는데도 활용하지 않는다면 문제이지요. 그리고 광고 외에 특정 관심 영역, 예를 들면 영화, 야구 등 자기가 좋아하는 분야에 거의 마니아급의 지식을 쌓아보십시오. 광고 외적인 대화 내용이 풍부해지고, 한 분야에서 그 정도 지식이 있으면 아무도 함부로 대하지 못합니다.

셋째, '광고는 두 개의 날개로 난다'는 것을 기억하십시오. 두 날개

1등 기업의 광고
2등 기업의 광고

는 기획과 크리에이티브라고 할 수 있습니다. 대학생들을 만나보면 아직 현업 광고인이 아닌데도 '난 AE를 할 거니까' 혹은 '난 크리에이터가 될 거니까'라며 자기가 직접 하지 않을 영역에 대해서는 관심을 두지 않는 경우가 종종 있습니다. 그렇게 생각해서는 안 됩니다.

저는 광고 일을 하면서 훌륭한 선배님을 많이 만났습니다. 그분들 대부분은 크리에이터는 '기획까지 생각하는 크리에이터'였고, AE는 '크리에이티브까지 생각하는 AE'였습니다. 기본적으로 AE가 정리한 전략과 콘셉트는 개념어일 가능성이 높습니다. 즉 살아 숨 쉬는 단어가 아닐 가능성이 높지요.

그렇기 때문에 만약 AE가 "내가 생각한 콘셉트는 이건데, 만약 카피로 써보면 이런 느낌일 거야"라며 카피를 제시해보면 서로 눈높이를 맞추기가 쉬워지고 커뮤니케이션도 더 원활해집니다. 예전에 일해본 선배 크리에이터는 카피를 보여주기 전에 "내가 정리해본 기획이야"라며 기획서를 먼저 보여주었습니다. 커뮤니케이션도 쉽고, 서로 도움도 받고, 자극도 되니 좋은 일이지요. 그러니 두 개의 날개를 다 활용해서 더 높이 나는 독수리가 되기를 바랍니다.

잔소리가 길었습니다. 역시 나이가 들고 보니 잔소리가 길어지네요. 조금이라도 도움이 되었으면 하는 마음에서 그런 것이니 너그럽게 이해해주시기 바랍니다.

에필로그

내 마음속의 선생님

저는 한 번도 만나뵌 적은 없지만 광고 일을 하면서 마음속의 스승으로 삼는 분이 계십니다. 카피라이터 김태형 선생님. '우리 강산 푸르게 푸르게', '쉿! 소리가 차를 말한다', '미인은 잠꾸러기' 등의 유명한 카피를 쓰신 분입니다. 그분이 쓰신 〈꽃〉이라는 시부터 소개하겠습니다.

가리키는 손이 아니라
꽃에 머물게 해야지
광고가 아니라
제품에 머물게 해야지

어떻게 하면 내가 만드는 광고가 더 빛날까 하는 못난 생각을 품지 않도록 이런 경구 같은 시를 지으신 분입니다.

또 다른 시 〈오늘도 걷는다마는〉입니다.

그렇다 나는
신발 바닥에서 아이디어를 캤다
길에서 카피를 썼다
장터에서 썼다
산에서 썼다
나는 썼다

이 시에 제가 이야기하고 싶은 주제가 담겨 있습니다.

저도 전해들은 이야기라서 틀린 부분이 있을지도 모르겠습니다만 김태형 선생님은 소비재 제품을 담당하게 되면 먼저 동네 슈퍼부터 가셨다고 합니다. 물건을 사면서 주인과 잡담을 주고받습니다. 주인에게 제품에 대한 반응을 물어봅니다. 그러면서 제품을 사는 사람들을 계속 관찰하고, 그들이 주고받는 이야기를 유심히 들어봅니다. 그 모든 이야기 속에서 카피를 뽑아냅니다. 그래서 김태형 선생님의 카피에는 "야, 이 말 참 멋있다"라는 감탄보다 "맞아, 나도 이런 얘기를 한 적이 있었어"라며 공감하는 반응이 더 많이 나왔다고 합니다.

반성해봅니다. 광고와 마케팅 일을 하면서 저는 소비자와 함께 호흡하는 현장을 얼마나 열심히 뛰었나 반성해봅니다. 책상에 앉아 펜대를 휘두르며 내가 가진 지식의 범위 안에서 전략을 짜는 것에 만족하지는 않았는지, 조사 회사에서 만들어온 소비자 조사 보고서를 보며 소비자에 대해 잘 안다고 자만하지는 않았는지, 인터넷에 검색어 몇 개 집어넣고 거기서 나온 수십 페이지 정도의 자료를 읽고 소비자 트렌드 변화를 파악했다고 안심하지는 않았는지 반성해봅니다.

원로 카피라이터가 일깨워준 '정말 소비자가 되어보기'. 광고와 마케팅의 길을 가겠다고 결심한 모든 사람들에게 한번쯤 꼭 생각해볼 만한 화두를 던져주는 것 같습니다.

1등 기업의 광고
2등 기업의 광고 ———